52주 책별 성경공부 |성경나무 기르기 제7권|

신 약

|

복음서와 역사서(사도행전) 편

52주 책별 성경공부 |성경나무 기르기 제7권|

(신 약) 복음서와 역사서(사도행전) 편

지 은 이 · 노영상
펴 낸 이 · 성상건
편집디자인 · 자연DPS

펴 낸 날 · 2025년 12월 17일
펴 낸 곳 · 도서출판 나눔사
주 소 · (우) 10270 경기도 고양시 덕양구 푸른마을로 15
301동 1505호
전 화 · 02)359-3429 팩스 02)355-3429
등록번호 · 2-489호(1988년 2월 16일)
이 메 일 · nanumsa@hanmail.net

ISBN 978-89-7027-818-6 03230

값 5,000원

52주 책별 성경공부 |성경나무 기르기 제7권|

신 약

|

복음서와 역사서(사도행전) 편

노영상(바이블아카데미 총장) 저

성경의 각 책들을 52주에 나누어
배울 수 있도록 구성한 책이다.

나눔사

목 차

영락교회 김운성 목사(사단법인 한국미디어선교회 이사장)

노영상 바이블아카데미 총장의 성경 공부 시리즈 『성경나무 기르기: 복음서와 역사서 편』의 발간을 축하드립니다. (사) 한국미디어선교회 바이블아카데미의 총장으로 있으면서 본 성경 공부 시리즈를 출간하게 되어 나름 큰 의의가 있다고 생각합니다. 바이블아카데미는 1982년에 설립되어 43년 동안 꾸준히 활동해온 전통 있는 온라인 성경공부를 위주로 하는 기관입니다. 특히 지난 몇 년 전에는 코로나19의 힘든 시절을 지나면서 바이블아카데미의 온라인 성경공부가 한국교회에 작은 힘이 되었는바, 교회에서의 모임들은 어려웠지만 집에서 성경을 공부하는 기회를 만들어주기도 했습니다.

그간 본 기관은 온라인 성경공부 위주의 활동을 해왔지만, 최근 들어서는 오프라인 성경공부 과정도 마련했습니다. 제가 담임목회자로 있는 영락교회의 50주년기념관에서 한국의 저명 신학자들과 함께 하는 성경공부를 진행하였는데, 매주 성경의 한 권씩 마스터하는 과정이었습니다. 민영진 교수, 노영상 총장, 왕대일 교수, 송태근 목사, 최재덕 원장, 류호준 교수, 유윤종 교수, 최원준 교수, 송병현 교수, 차준희 교수, 이달 교수, 강성열 교수, 조광호 교수 등이 강사로 참여하여 마친 본 강좌는 오늘의 시대에 있어 가장 무게감 있는 성경공부일 것이라 생각합니다. 바이블아카데미는 이 공부의 내용을 동영상으로 만들어 기존의 온라인 성경공부와 함께 다른 한 세트의 성경공부를 만들었는데 많이 활용하여 주실 것을 당부드립니다.

다음으로 본 기관에선 성경공부를 위한 책들의 발간을 기획하는 중이며, 그의 일환으로 본 책을 내놓게 된 것입니다. 나눔사에서 성경공부 교재로서 노영상 총장의 『성경나무 기르기』 시리즈들이 계속 출간되는 중인데, 총 10권 중 이번 책이 일곱 번째의 책입니다. 이 책은 성도들이 그룹으로 공부하기 편리하게 편집된 책으로 많은 교회에서 사용되길 기대하고 있습니다.

또한 본 기관에선 목회자들과 평신도들이 성경을 재미있게 이해할 수 있도록 돕는 웹진과 독자적 성경공부를 위한 웹사이트를 만들어 스스로 성경 연구를 할 수 있는 역량을 길러 주려는 기획을 하는 중으로, 이에 대한 공개강좌도 준비 중에 있습니다.

오늘의 한국교회를 새롭게 하는 데에 있어 가장 필요한 일은 성경으로 돌아가는 것이라 생각합니다. 이단이 난무하고 세상이 어지러워질수록 성경만이 이런 혼돈에서 우리를 구할 수 있습니다. 이에 성경이 말하려는 핵심이 무엇인지를 쉽게 깨달을 수 있도록 우리를 잘 인도할 수 있는 책이 필요한데, 이 『성경나무 기르기』가 그러한 역할을 할 수 있는 책들 중 하나라 생각합니다. 한국교회는 성경을 파들어가는 사경회의 전통에서 성장한 교회입니다. 다시 한번 성경에 천착하는 교회가 됨으로 우리 교회의 밝은 미래를 바라볼 수 있기를 바랍니다.

<공부방법 소개>

본 책의 제목은 『52주 책별 성경공부: 성경나무 기르기』이다. 나무 한 그루를 정성껏 키우듯, 성경의 전 내용을 52주에 나누어 배울 수 있도록 구성한 책이다. 이 책은 성경의 각 책들을 다음의 구성을 통해 정리하였다.

1) 씨알 고르기: 씨알 고르기 및 씨뿌리기의 이 단계는 각 책의 요절과 주제를 찾는 작업이다.

2) 뿌리 내리기: 위에서 검토된 주제를 신학적으로 심화하는 작업이다. 주제에 대한 깊이 있는 반성이 이 부분에서 수행되어질 것이다.

3) 줄기 세우기: 이 부분은 성경의 각 책들에 대한 문단 나누기로 구성되어 있다. 주제에 따른 전체 흐름의 전개를 정리한 부분이다.

4) 가지 뻗기: 기본 줄기에서 발전된 문제들과 파생된 지류들을 이 부분에서 검토할 것이다.

5) 꽃으로 피어나기: 각 책에서 클라이맥스가 되는 장면 또는 구절을 소개하는 부분으로 각 성경의 책들이 우리에게 주는 핵심 메시지를 다시 정리하였다.

6) 열매 맺기: 이 부분에서는 위의 내용을 우리의 실생활에 적용하는 측면을 다룰 것이다.

7) 열매 나누기: 위의 성경공부 내용을 음미하고 기도하는 부분이다. 5개의 질문을 통해 서로 논의하는 시간을 가질 수 있게 하였다.

8) 참고문헌: 각 책을 공부하는 데에 있어 요긴한 국내 참고문헌과 외국 참고문헌 5권 정도씩을 소개하였다. 석의적 주석책들보다는 신학적 주석책들을 선호하였다. 더 깊은 연구를 위해 참고가 될 것이다. 이곳의 참고문헌들은 대부분 장로회신학대학교의 도서관에서 찾을 수 있다.

9) 기타 물주기, 비료 주기, 햇볕 받기: 나무가 열매를 맺으려면 씨만 있으면 되는 것이 아니다. 씨가 뿌려지는 토양, 하늘의 비와 햇빛 그리고 때에 맞은 손질과 비료 주기 또한 필요하다. 우리의 상황과 그에 따른 경험에 대한 분석, 성령의 영감, 여러 주석 및 다른 서적들에 대한 참조, 관련 신학적 주제들에 대한 연구 등은 우리의 성경공부를 더욱 풍성하게 할 것이라 생각한다.

필자는 본 성경연구에서 그 책들과 성경의 저자들의 장황한 역사적 배경과 삶의 자리에 대한 설명을 하지 않았다. 오히려 현재의 모습으로 완결된 정경이 오늘을 사는 우리에게 주는 의미가 무엇인가 하는 문학비평적 입장을 중시하였다. 또한 필자는 성경을 읽고 연구하면서 가급적 그 책에 대한 선입견을 버리고 백지의 상태에서 성령의 도움을 바라며 성경을 읽으려 하였다. 나의 생각을 성경 속에 주입하는 것이 아니라, 성경이 말하는 바를 듣는 자세로 성경을 꼼꼼히 읽은 결과가 본 책이다.

먼저 성경 각 책의 주제를 추려낸 후 성경의 저자들이 그 주제를 각 성경의 책들에서 어떻게 전개하였는가를 검토하는 것에 본 책의 주안점을 두었다. 물론 각 책을 위해 설정된 주제에 대해 의견을 달리할 수도 있을 것이라 생각한다. 이에 이 책의 내용이 다양한 주제의 가능성을 어느 한 시야로 고정하는 것이 아닌가 하는 우려도 없는 바는 아니나 나름의 참고가 될 것이라 생각한다.

또한 뒤에 몇몇의 참고문헌 목록을 덧붙였다. 지난 수십여 년간의 한국의 신학대학들에서 성경의 각 책들에 대해 연구한 석박사 학위논문들이 그 안에 많이 포함된 것을 볼 수 있을 것이다. 아울러 그 참고문헌 중에 포함된 주석들 중에는 필자가 각 책에 있어 가장 중요하다고 생각하며 좋아하는 주석 몇 가지를 열거하였다. 나로서는 그 책들이 베스트 주석이라고 생각하는데, 다른 사람들의 의견은 어떨지 모르겠다. 노력하는 성경공부반이라면 위의 참고문헌의 자료들을 몇몇이 나눠 세미나를 통해 발표해가며, 필자의 의견과 비교하면서 성경공부를 해나간다면 더욱 유용한 성경공부 시간이 될 것이라 생각한다.

본 책을 공부할 땐 먼저 지도자의 인도하에 1시간 반 정도 본 책을 함께 읽고 난 후, 30-40분 정도 시간을 내어 서로 토의하면 좋을 것이다. 공부 시 괄호 속의 성경 구절들을 성경을 펴서 함께 읽으면 공부가 더 효과적일 것이다. 토의 시엔 '열매 나누기' 부분의 토의안들을 참조할 수 있겠다. 토의는 각 조로 나누어 하면 효율적일 것이라 본다. 6-7명 정도가 한 조가 되어 30-40분간 각 구성원이 3번 이상 말할 기회를 가질 수 있으면 좋겠다. 1년간 매주 성경공부를 하며 그 주간에 공부하는 책들을 한주 앞서 통독하고 오면 성경공부에 도움이 될 것으로 보며, 그렇게 함으로 1년에 한 번의 성경통독을 할 수 있는 기회를 갖게 될 것이다.

이 책은 미국의 아틀란타연합장로교회, 광주기독병원, 영락교회 대학부, 동신교회 청년3부에서의 성경공부 결과로 만들어진 것이다. 처음에 했던 미국에서의 성경공부는 30여 년이 지났는바 세월의 무상함을 느낀다. 지난 동안 성경공부에 참석하여 함께 하나님의 말씀을 나누었던 많은 분들께 감사의 말을 전하고 싶다.

성경은 나의 일생의 동반자였다. 필자는 성경 속에서 삶을 배우고, 지혜를 얻었으며 위로를 찾았었다. 그간 필자에게 큰 힘이 되었던 성경에 대한 연구를 이 같은 작은 책으로나마 엮어 함께 은혜를 나누게 된 것을 기쁘게 생각한다. 이 책은

2002년 예영커뮤니케이션에서 앞서 출간된 적이 있었는데, 20년이 지나 수정할 부분도 상당히 있어 개정한 다음 분책하여 다시 내놓게 되었다. 앞 책에 대한 전면 개정판으로 보면 될 것이다. 이 책이 초신자 및 신학생들의 성경공부와 기타 여러 성경공부반을 위한 교재로 두루 쓰인다면 그것은 필자의 커다란 기쁨일 것이다. 마지막으로 이 책의 출간을 허락하여 주신 나눔사의 성상건 대표님께 심심한 감사의 말을 전하며 앞머리의 글로 갈음한다.

2025년 9월 위례 학암동에서

노영상

마태복음

마음의 복

마태복음: 마음의 복

마태복음 7장 24-27절은 말씀을 듣고도 행하는 자가 있으며, 행치 않는 자도 있음을 말한다. 예수 그리스도는 그 두 사람의 차이가 내면의 기초에 있음을 강조하였다. 마음이 변하지 않고는 바른 행동을 할 수 없다.

하나님께서는 이스라엘 백성에게 그들의 행복과 구원을 위한 율법을 주셨건만 그들은 율법의 준행에 실패하게 된다. 마태복음은 이런 인간의 연약함에 대해 숙고한다. 율법을 들었다고 하여도, 그것은 지킬 수 있는 마음의 준비가 없다면 주님의 말씀을 실천하기 어렵다.

율법이란 명령법(to do)도 중요하지만, 더 중요한 것은 존재(to be)와 인격이란 직설법적 요소가 더 중요하다는 것이다. 역도를 하는 사람이 역기를 드는 요령을 아무리 배운다 하여도 기본 근력이 없으면 무거운 역기를 들 수 없는 것 같이, 존재의 힘과 인격의 힘이 길러지지 않고는 훌륭한 선수가 될 수 없다.

구약은 우리가 주님의 명령을 실천할 때 우리에게 주님의 복이 주어진다고 말하지만, 신약은 우리의 존재 자체가 복되게 변화되는 것이 우선이라 한다. 이에 마태복음 5장의 팔복은 주님의 복을 받기 위해 '어떤 자'가 될 것인가를 강조한다. "심령이 가난한 '자'는 복이 있다."고 하면서, 어떤 자가 되는 것 곧 어떤 존재가 되어야 하는 것의 중요성을 설파한다.

이에 마태복음 15장 19절은 우리의 모든 죄들이 우리 마음속에서 나옴을 강조한다. 우리의 죄뿐 아니라 우리의 선한 행동도 다 마음에서 비롯되는 것으로, 마음 바탕을 조련하고 마음공부를 하는 것이 주님의 복을 받는 첩경이라는 말씀이다.

하지만 우리의 마음 변혁은 쉽지 않은 것으로 주님의 말씀과 성령의 능력이 아니고서는 근본 본성이 변화되기 어렵다. 특히 갈라디아서 5장에 나타나는 성령의 아홉 가지 열매는 이런 마음 건강의 문제에 대해 언급하는데, 성령을 통해 우리의 품성이 바뀌지 않고는 죄를 이기기 쉽지 않음을 우리는 깨닫게 된다.

1. 씨알 고르기

1) 요절

마태복음 7장 24-27절

"그러므로 누구든지 나의 이 말을 듣고 행하는 자는 그 집을 반석 위에 지은 지혜로운 사람 같으리니, 비가 내리고 창수가 나고 바람이 불어 그 집에 부딪히되 무너지지 아니하나니 이는 주추를 반석 위에 놓은 까닭요. 나의 이 말을 듣고 행하지 아니하는 자는 그 집을 모래 위에 지은 어리석은 사람 같으리니, 비가 내리고 창수가 나고 바람이 불어 그 집에 부딪히매 무너져 그 무너짐이 심하니라."

2) 주제: 마음의 복

2. 뿌리내리기

이 책 시리즈 1권의 창세기 공부에서 필자는 12장 1-3절의 중요성을 말하며 기독교인이 복을 받는 사람을 넘어서서 복이 되는 사람, 곧 복 자체가 되어야 함을 강조했다. 기독교의 구원이란 주님의 은혜 안에서 저주의 상태가 복된 상태로 전환되는 것으로, 그것을 통해 스스로 복덩이(히브리어 '브라카')가 되어 남을 위한 축복의 통로가 되는 것이 중요함을 설명하였던 것이다. 그러면 우리는 어떻게 복덩이가 되며 축복의 통로가 될 수 있는가 질문해보게 된다.

창세기 12장 1장은 "여호와께서 아브람에게 이르시되 너는 너의 고향과 친척과 아버지의 집을 떠나 내가 네게 보여 줄 땅으로 가라."고 한다. 이 절은 우리가 하나님으로부터 복 받는 비결이 주님의 말씀에 순종하는 데에 있다고 언급한다. 아브라함은 이러한 하나님의 명령을 받고 주저함이 없이, 그 말씀에 순종하여 자기가 살기 편한 고향을 떠났다고 12장 4절은 말한다.

신명기 12장 28절은 이르길, "내가 네게 명령하는 이 모든 말을 너는 듣고 지키라. 네 하나님 여호와의 목전에서 선과 의를 행하면 너와 네 후손에게 영구히 복이 있으리라."라고 한다. 그러나 구약의 이스라엘 백성들의 삶은 하나님의 말씀에 전적으로 순종하는 삶이 되지 못했다. 하나님께서는 그들에게 그의 말씀을 순종하면 주님의 복을 받게 될 것이라고 말했지만, 구약의 이스라엘 백성을 하나님의 말씀에 순종하는 데에 실패했던 것이다.

어떤 신학자는 구약의 내용을 두 가지의 주제로 정리하였다. 출애굽과 포로 됨이다. 영어로 'Exodus'와 'Exile'로서 둘 다 E로 시작한다. 하나님께서는 이스라엘 백성을 이집트의 노예 된 상태에서 해방하셨지만, 종국적으로 그들은 바벨론의 포로가 다시 되었던 것이다. 유다 왕국의 마지막 왕 시드기야는 눈알이 뽑혀 다른 신하들과 함께 바벨론으로 끌려갔다.

> 바벨론 왕이 시드기야의 아들들을 그의 눈 앞에서 죽이고 또 리블라에서 유다의 모든 고관을 죽이며, 시드기야의 두 눈을 빼고 놋사슬로 그를 결박하여 바벨론 왕이 그를 바벨론으로 끌고 가서 그가 죽는 날까지 옥에 가두었더라(렘 52:10-11).

왜 이스라엘 백성들은 하나님의 축복을 받지 못하고 망하게 되었는가라는 질문에 대해 구약의 예언자들은 주님의 말씀에 순종치 못하였기 때문이라고 언급한다. 하나님께서 그들에게 귀한 율법을 주셨음에도 그들은 주님의 말씀을 순종하는 데에 실패하였다. 이에 신약성경은 이 문제를 다음과 같이 진단한다. 그들은 주님의 명령을 받았지만, 마음의 근본이 변화되지 않아 주님의 말씀을 따르는 데에 실패했다는 것이다.

우리가 어른들로부터 부모님을 공경하여야 한다는 윤리적 명령을 배우기는 하지만, 그것을 하나의 명령으로 배운다고 하여 행하게 되는 것은 아니다. 인간의 근본 본성이 변하고 그의 마음 바탕이 근본적으로 변하지 않는다면, 어떤 율법적 명령을 가르친다고 하여도 무용지물이 되고 말 것이다.

마태복음 5-7장까지를 우리는 보통 산상수훈이라 부른다. 마태복음의 요절은 7장 24-29절인데 산상수훈의 결론과 같은 부분이다. 7장 24절의 말씀이다. "그러므로 누구든지 나의 이 말을 듣고 행하는 자는 그 집을 반석 위에 지은 지혜로운 사람 같으리니." 이 본문은 두 가지 유형에 대해 언급한다. 말씀을 듣고 행하는 자와, 말씀을 들었음에도 행치 못하는 자이다. 말씀을 듣고 행하는 자는 기초가 반석인 사람이며, 듣고 행치 못하는 자는 기초가 모래와 같은 사람이다. 이 본문은 기초가 잘된 사람은 말씀을 듣고 순종할 수 있으나, 기초가 부실하면 말씀을 들어도 지키지 못하다고 말하고 있다.

이 본문에서 집은 우리의 눈에 보이는 행동을 말하는 것이라면, 주추로서의 기초는 눈에 보이지 않는 마음 준비를 지적한다. 행함의 원천이 되는 속마음으로서의 기초를 말하는 것이다. 겉보기의 행함보다 더 중요한 것이 있는데 그것은 기초가 되는 마음이라는 말이다. 기초가 되는 마음이 든든한 자는 말씀을 듣고 행하는 자가 될 수 있으나, 마음의 기초가 허술한 자는 주님의 명령을 듣고도 준행할 능력을 갖지 못한다.

또한 마태복음 7장 17절 이하의 본문에는 좋은 나무에서 좋은 열매가 나오고, 나쁜 나무에선 좋은 열매가 나올 수 없다고 언급한다. 마태복음 7장 16-19은 다음과 같이 말한다.

> 그들의 열매로 그들을 알찌니 가시나무에서 포도를, 또는 엉겅퀴에서 무화과를 따겠느냐. 이와 같이 좋은 나무마다 아름다운 열매를 맺고 못된 나무가 나쁜 열매를 맺나니, 좋은 나무가 나쁜 열매를 맺을 수 없고 못된 나무가 아름다운 열매를 맺을 수 없느니라. 아름다운 열매를 맺지 아니하는 나무마다 찍혀 불에 던져지느니라.

여기서 좋은 열매란 인간의 바른 행동을 의미하며, 좋은 나무란 그것을 가능하게 하는 인간의 존재를 나타낸다. 나무라는 존재가 열매라는 행함에 우선한다는 설명이다. 기본 존재 곧 우리의 속마음이 변치 않으면 우리는 결코 하나님의 말씀을 준행할 수 없다.

예수님의 이 두 가지 비유, 곧 집과 기초, 열매와 나무의 비유는 우리에게 구약과 다른 지평을 선사한다. 구약은 우리에게 이렇게 행하라는 율법적 명령을 하는 책이지만, 신약은 그러한 명령을 지킬 수 있는 기본적인 힘 곧 사람의 변화와 마음의 변화를 먼저 강조한다. 그것이 구약과 신약의 차이다.

구약의 십계명은 우리에게 행복을 위해 율법을 행할 것을 말하지만, 신약 마태복음의 팔복은 복된 자로서의 존재와 마음의 준비에 대해 설명한다. 예를 들어 온유한 '자' 곧 온유한 품성을 가진 사람에게 복이 주어지다는 것이다. 의에 주리고 목마른 '자'가 복이 있다. 행복하려면 이웃을 긍휼히 여기는 자가 되어야 한다. 마음이 청결한 '자'가 복이 있다. 행복하기 위해 화평케 하는 '자'가 되어야 한다. 마지막 여덟째로 팔복은 의를 위해 핍박을 받는 '자'가 복이 있다고 한다. 주님의 명령을 지키는 것에 앞서, 어떤 '자'로서의 존재가 형성되어야 하는지를 팔복은 강조한다.

예수 그리스도께서의 산상에서의 팔복의 선포는, 구약에서 시내산에서 선포된 십계명과 비견된다. 십계명은 우리가 지켜야 할 율법적 계명을 10가지로 소개하는 반면, 이 팔복은 복 있는 사람의 바람직한 마음 상태를 8가지로 설명한다. 팔복은 인간 행복의 조건으로서의 행동의 기초이며 존재의 깊이로서의 마음의 문제를 다룬다. 팔복은 우리의 행복이 우리 마음속에 있음을 말한다. 천국은 멀리 있는 것이 아니다. 우리의 마음 속에 있다는 것이다. 중요한 것은 행복의 외형적인 조건을 갖추는 것보다 아름다운 마음 상태를 먼저 만드는 것이 중요하다는 것이다.

팔복은 마음이 바로 된 사람이 받는 복을 다음과 같이 열거한다. 마음이 바로 서면 위로받게 되고 불쌍히 여김을 받는 사람이 된다. 심리적으로 행복한 사람이 되는 것이다. 마음이 바로 서면 배부르게 되고 땅을 차지하게 된다. 물질적인 축복이다. 만족이 있는 삶을 살게 된다는 말씀이다. 마음이 바로 서면 하나님을 보게 되고 하나님의 아들이란 칭함을 받게 된다. 영적인 축복을 언급한다. 마지막으로 마음이 바로 설 때 우리는 천국의 삶을 이루게 된다. 이 땅에서 주님의 나라를 맛보게 되는 것이다. 일종의 사회적 행복으로 다른 사람들과 사랑과 정의의 정신을 가지고 어울려 사는 국가를 만들게 된다는 말씀이다. 이와 같이 마태복음은 '마음의 복'을 강조하는 책이다.

3. 줄기 세우기

장절	주제	세분	소주제
1:1-2:23	행복한 하나님 나라의 시작	1:1-1:17	예수님의 족보
		1:18-1:25	예수 그리스도의 탄생
		2:1-2:23	동방박사들의 경배와 베들레헴의 비극
3:1-4:22	사역을 준비하시는 예수 그리스도	3:1-3:17	예수 그리스도의 사역을 앞서 준비한 세례 요한
		4:1-4:11	사탄의 시험을 이기신 주님
		4:18-4:22	사역을 위해 제자를 선발하심
4:23-16:20	하나님 나라의 복음을 본격적으로 선포하심(예수 그리스도의 갈릴리 지역에서의 사역)	5:1-7:29	산상수훈(산에서 복음을 전하심)
		8:1-9:38	무리를 불쌍히 여기셔서 그들을 위해 기적을 베푸심
		10:1-12:50	제자들을 복음 선포를 위해 파송하시며 여러 가지 교훈으로 경계하심
		13:1-13:58	비유를 통해 가르치신 예수 그리스도
		14:1-16:12	예수 그리스도의 사역과 가르침에 대한 장애들과 비판들
16:13-27:66	예수 그리스도가 받은 수난(예수 그리스도의 예루살렘을 중심으로 한 유대 지역에서의 사역)	16:13-20:34	난관 가운데에서 제자들을 훈련 시키시고, 앞으로 더 큰 수난이 있을 것을 말씀하심
		21:1-25:26	예루살렘에서 예수님을 죽이려는 자들과 갈등하며, 제자들을 훈육하심
		26:1-27:66	십자가에 달리시기까지의 과정과 장사 되심
28:1-28:20	예수 그리스도의 부활에 대한 증언	28:1-28:15	예수 그리스도의 부활 사건에 대한 증언
		28:16-28:20	제자들에게 미래의 사역을 당부하심

4. 가지 뻗기

마음이란 헬라어로 '카르디아'라 하는데, 마태복음에서 매우 중요한 단어다. 마태복음 15장 19절은 악한 행동 모두가 마음에서 비롯된다고 한다. 그것은 선한 행동의 경우도 마찬가지다.

> 마음(카르디아)에서 나오는 것은 악한 생각과 살인과 간음과 음란과 도적질과 거짓 증거와 훼방이니.

모든 악한 행동이 다 마음에서 야기된다. 마태복음 5장 22절은 마음의 분노를 통해 이웃에 노하는 자는 이미 살인한 것이라 말한다. 우리의 마음속의 이웃에 대한 미움이 남을 살인하는 죄를 가져온다는 말씀이다. 이 본문은 다른 사람에 대한 미움과 분노가 살인의 죄를 짓게 하는 것 정도로 말하는 것이 아니라, 미워하는 그것이 이미 살인하는 죄악과 같음을 본문은 강조한다.

이어 마태복음 5장 28절은 여자를 보고 음욕을 품으면 이미 간음한 것이라고 언급한다. 그러므로 우리는 음란을 이기기 위해 먼저 우리 마음속의 음욕을 제거하여야 한다. 음란한 마음을 갖는 것은 어때, 음란한 행동만 하지 않으면 돼지라고 말해서는 안 된다. 성경은 음욕을 품는 그것이 이미 간음한 행동임을 이 본문은 강조한다.

또한 물질에 대한 욕심이 도둑질을 하게 한다. 마음의 욕심이 문제다. 디모데전서 6장 10절은 돈을 사랑하는 것이 일만 악의 뿌리가 된다고 선포한다. 마음의 욕심을 이기지 않고서는 죄로부터 결코 자유로울 수 없다. 우리의 마음속의 욕심을 필경 우리를 죄에 빠지게 하며 결국은 파멸의 구렁텅이로 빠뜨리게 하는 것이다.

이상과 같이 마태복음은 우리의 마음의 문제에 대해 주목한다. 죄만 안 지으면 되지 마음속에 욕심이 있으면 어떠냐는 말이 마태복음에선 통하지 않는다. 마음의 욕심은 이미 죄를 지은 것과 같다는 것이다. 욕심이 잉태한즉 죄를 낳고 죄가 장성한즉 사망을 낳는 것처럼, 마음에 욕심을 잉태하고 있는 사람은 필경 죄라는 아기를 낳을 수밖에 없는 것으로 죄를 짓지 않을 수 있는 길은 없다(약 1:15). 우리가 하나님을 공경하는 길도 바른 마음에서만 가능한 것이다(마 15:8).

5. 꽃으로 피어나기

이상에서 우리는 마음이 새롭게 되고 우리의 존재가 의롭게 되어야 주님의 명령을 준행할 수 있는 힘을 갖게 됨을 배웠다. 그러면 우리의 마음을 변화시킬 수 있는 방법에 대해 성경은 무엇이라 말하는지 살필 필요가 있다.

1) 첫 번째의 마음을 변화시키는 방법: 십자가를 짐

인간의 힘으로 자기의 마음을 변화시키는 것이 쉽지 않다, 이에 있어 갈라디아서 5장 24절은 마음을 변혁하는 방법에 대해 다음과 같이 언급한다, 이 본문은 "그리스도 예수의 사람들은 육체와 함께 그 정욕과 탐심을 십자가에 못 박았느니라."라고 말한다. 우리의 정욕과 탐심을 십자가에 못 박아야 새로운 자아 형성이 가능해진다는 말씀이다. 이러한 십자가상에서의 자기 욕심과 자아의 죽이는 것이 무엇을 의미하는지를 마태복음 16장 24-25절은 다음과 같이 설명한다.

> 이에 예수께서 제자들에게 이르시되 누구든지 나를 따라오려거든 자기를 부인하고 자기 십자가를 지고 나를 따를 것이니라. 누구든지 제 목숨을 구원하고자 하면 잃을 것이요 누구든지 나를 위하여 제 목숨을 잃으면 찾으리라.

예수 그리스도께서는 자기를 따라오려거든 자기를 부인하고 자기 십자가를 지고 따를 것을 말씀하셨다. 십자가를 진다는 것은 일면 자기를 부인하는 삶을 말한다. 인간의 자기중심성, 이기성, 욕심, 자만 등이 우리의 마음속에서 제거되지 않고는 우리는 바른 선행에 이를 수 없다.

나의 이전의 자아가 죽고 새로운 자아로 거듭남을 통해 우리는 마음의 변혁을 이루게 되는바, 신학자 칼빈은 마음의 변화의 문제를 기독교적 삶의 스타일(life style)의 변화의 문제로 다룬다. 칼빈에게 있어 삶의 스타일이란 일종의 덕의 문제를 다루는 용어로서, 우리의 행동의 이면에 있는 마음의 문제를 지칭하는 것이다. 이에 있어 칼빈은 기독교인이 갖추어야 할 라이프 스타일을 다음의 세 가지로 언급한다. 순례적 삶, 자기 부인, 십자가를 지는 삶이다. 우리는 이 같은 칼빈의 삶의 스타일을 한 마디로 욕심을 버리는 것으로 요약할 수 있는데, 이 같은 마음의 태도 변화가 없인 남을 사랑하는 선행을 이루기 어려움을 칼빈을 강조했다.

2) 두 번째의 마음을 변화시키는 방법: 성령 충만

잠언 3장 33절은 "악인의 집에는 여호와의 저주가 있거니와 의인의 집에는 복이 있느니라."라고 한다. 이 본문은 악한 행동이 저주를 불러오는 것에 앞서, 그가 악인 곧 악한 존재가 됨으로써 온갖 불행이 몰려오게 됨을 언급한다. 악인이 되면 분명 악행을 하게 되고 그러한 악행에 의해 인간에게 저주와 파멸이 주어지게 되는 것이다. 이에 존재의 변화가 먼저 중요한데, 갈라디아서 5장 14-24절은 성령의 능력이 아니고서는 이런 존재와 마음의 변화가 변화가 가능하지 않음을 말한다.

> 온 율법은 네 이웃 사랑하기를 네 자신 같이 하라 하신 한 말씀에서 이루어졌나니, 만일 서로 물고 먹으면 피차 멸망할까 조심하라. 내가 이르노니 너희는 성령을 따라 행하라 그리하면 육체의 욕심을 이루지 아니하리라. 육체의 소욕은 성령을 거스르고 성령은 육체를 거스르나니 이 둘이 서로 대적함으로 너희가 원하는 것을 하지 못하게 하려 함이니라(갈 5:14-17).

> 오직 성령의 열매는 사랑과 희락과 화평과 오래 참음과 자비와 양선과 충성과 온유와 절제니 이 같은 것을 금지할 법이 없느니라(갈 5:22-23).

본문 중 갈라디아서 5장 14절은 먼저 하나님의 계명을 요약한다. "온 율법은 네 이웃 사랑하기를 네 자신 같이 하라 하신 한 말씀에서 이루어졌나니." 이웃을 자기의 몸과 사랑하는 것이 율법의 핵심이라는 말이다. 그러나 우리가 그렇게 이웃을 사랑한다는 것이 쉬운 일이 아니다. 우리의 마음속에 욕심이 자리 잡고 있기 때문이다.

이웃을 사랑하기 위해서는 우리 마음에 자리 잡고 있는 욕심을 제거해야 하는데, 그 방법이 갈라디아서 5장 16절에 나타난다. "내가 이르노니 너희는 성령을 따라 행하라 그리하면 육체의 욕심을 이루지 아니하리라." 이 본문은 육체의 욕심을 이루지 않는 길, 곧 우리의 욕심을 십자가에 매다는 길이 성령을 받음에 있다고 말한다. 우리의 욕심은 우리의 힘으로 제어되는 것이 아니며, 우리 속에 성령이 역사하여야만 없어지는 것임을 이 본문은 언급한다.

갈라디아서 5장 22-23절의 본문은 성령으로 거듭난 사람의 모습을 다음과 같이 묘사한다. "오직 성령의 열매는 사랑과 희락과 화평과 오래 참음과 자비와 양선과 충성과 온유와 절제니 이 같은 것을 금지할 법이 없느니라." 우리가 성령 충만을 받으면 우리 맘속에 변화가 일어나는데, 그 변화된 모습이 사랑, 희락, 화평 등 성령의 9가지 열매로 나타나게 된다. 이 성령의 9가지 열매는 우리의 행동을 지칭하지 않는다. 그것들은 모두 우리의 성품 곧 우리의 마음의 자세와 연관된 것들이다. 성령은 우리의 욕심을 제거할 뿐 아니라, 우리 속에 새로운 마음과 성품을 창조한다.

기실 성령의 아홉 가지 열매는 우리가 우리의 마음속에 욕심을 비울 때 채워지게 된다. 욕심이 없어야 남을 사랑할 수 있다. 욕심이 없어야 마음에 기쁨을 누릴 수 있다. 욕심이 없어야 마음의 화평을 이룰 수 있다. 욕심이 없어야 남에 대해 오래 참을 수 있는 것이다. 이와 같이 성령의 능력에 의해 욕심을 제거하는 것을 통해서만 인간은 윤리적인 삶을 영위하게 한다. 욕심이 있는 사람은 추한 사람이다. 겉은 번지르르할지 몰라도 속은 썩어 더러운 사람이다.

에베소서 3장 16절의 말씀이다. "그 영광의 풍성을 따라 그의 성령으로 말미암아 너희 속사람을 능력으로 강건하게 하옵시며." 성령은 우리의 속사람을 건강하게 한다. 우리의 욕심이 사라진 빈 마음에 성령님께서는 성령의 아홉 가지 열매를 채우셔서 우리로 하여금 선행을 가능하도록 하는 것이다. 우리의 속마음의 욕심을 비우고, 성령의 열매로 우리 마음을 채울 때 우리는 참 선행에 이를 수 있다.

6. 열매 맺기

우리가 주님의 복을 받으려면 주님의 말씀을 순종해야 하는데, 속마음이 변치 않은 상태에서는 그런 실천이 가능하지 않음을 성경은 말한다. 우리의 마음이 십자가와 성령으로 거듭나지 않으면 우리는 결코 주님의 계명을 이룰 수 없다.

공부를 열심히 하지 못하는 아이들이 있는데, 그 아이들을 방에 가둬두고 공부하라고 해서 공부를 하게 되는 것이 아니다. 아이들이 공부할 결심을 하게 된 경우, 나 '마음 잡았다'고 하는데 적절한 표현인 것 같다. 연필을 잡았다고 공부하는 것이 아니다. 마음을 잡아야 공부도 하는 것이다.

비행 청소년을 바로잡는 방법도 동일하다. 그 아이들을 윽박질러 고치려고 한다고 하여 그들의 잘못된 행동이 고쳐지는 것이 아니다. 그의 표면적 행동을 보기 전에 먼저 그들의 마음 바탕을 살피고 그들의 마음을 잡아주어야 잘못된 행동으로부터 돌이킬 수 있다. 아이들의 마음을 읽고 그들의 마음이 안정되도록 하는 것이 아이의 행동을 바로 잡는 지름길이 된다.

우리는 우리의 삶 가운데 마음이 바로 놓이는 것이 중요함을 알았다. 마음의 기초가 바로 놓이지 않고 마음에 병이 들게 되면, 우리는 결코 행복한 사람이 될 수 없다. 마음이 잘못되면 모든 것을 삐뚤어지게 보고 부정적으로 생각하며 다른 사람들에 대해 비판적이 되는데, 이런 부정적이고 불평 불만하는 마음 자세로는 결코 행복한 삶을 누릴 수 없다.

겉의 행동보다 먼저 속사람을 살펴야 한다. 우리의 영혼이 물과 성령으로 거듭나지 않는 한 우리는 천국의 복된 상황에 이를 수 없다. 잠언 16장 2절은 "사람의 행위가 자기 보기에는 모두 깨끗하여도 여호와는 심령을 감찰하시느니라."라고 언급한다. 겉보기의 행위를 치장하려 하기보다는, 내면세계에 투자하는 것이 우선이다.

오늘 우리나라의 사람들은 너무 외형 위주의 삶을 살고 있는 것 같다. 속사람은 어떠하든지, 겉모습만 치장하려고 하는 것이 우리의 일상이다. 우리의 겉모습을 고치기 위해 성형에 투자하려 하기보다는, 마음의 아름다움과 풍요함에 먼저 투자하여야 하는 것이 필요하다. 얼굴이 예쁘고 행동이 예쁜 것도 중요하지만, 더 중요한 것은 우리의 마음 바탕이 바로 돼 있냐 하는 것이다. 성경을 읽고 기도하며 주님께 참다운 예배를 드림으로써, 우리의 속사람을 아름답게 꾸미는 모두가 되어야 할 것이다. 예수 그리스도께서는 마태복음 23장에서 바리새인의 외식을 비판하시며, 겉과 속이 다른 그들의 모습을 질책하셨다.

> 화 있을진저 외식하는 서기관들과 바리새인들이여 잔과 대접의 겉은 깨끗이 하되 그 안에는 탐욕과 방탕으로 가득하게 하는도다. 눈먼 바리새인이여 너는 먼저 안을 깨끗이 하라 그리하면 겉도 깨끗하리라. 화 있을진저 외식하는 서기관들과 바리새인들이여 회칠한 무덤 같으니 겉으로는 아름답게 보이나 그 안에는 죽은 사람의 뼈와 모든 더러운 것이 가득하도다. 이와 같이 너희도 겉으로는 사람에게 옳게 보이되 안으로는 외식과 불법이 가득하도다(마 23:25-28).

그는 바리새인의 외식을 회칠한 무덤에 비유하셨다. 속은 썩은 것으로 가득한 데, 겉으로만 번지르르하게 페인트칠한 것과 같다는 말이다. 우리는 네 가지 유형의 사람을 말할 수 있다. 겉의 행동과 속마음이 다 선한 사람, 속은 선한데 겉은 더러운 사람, 겉과 속이 다 악한 사람 그리고 마지막으로 속은 더러운데 겉의 행동은 깨끗하게 위장하는 사람이다. 이에 있어 그리스도께서는 마지막 네 번째의 유형을 바리새인의 모습으로 말하며, 위의 네 가지 중 가장 나쁜 경우로 말하셨다. 그것은 일종의 외식이며 위선이라는 것이다. 우리는 이 같은 사람과는 사귀기가 쉽지 않은 것으로, 온갖 기만이 그 안에서 나오는 것임을 우리는 잘 알고 있다.

우리는 겉의 행동만을 주시하고 한 사람을 평가하려 해서는 안 된다. 그보다 더 중요한 것이 속마음으로 마태복음은 이 같은 속마음의 중요성을 다른 책보다 강조하고 있는 것이다. '마음'을 헬라어로 '카르디아'라고 하는데, 인간의 정서적인 부분과 많이 연관되는 것으로, 그것은 성품이나 덕성이란 말과 비슷하다. 이러한 속마음은 우리의 행동의 원천이 되는 것으로, 하나님 앞에 우리의 삶의 행동을 바르게 하기 위해선 먼저 십자가와 성령으로 이 같은 속마음부터 바르게 하여야 할 것이다.

7. 열매 나누기

1) 좋은 나무와 좋은 열매의 관계에 대해 말해보자.

2) 구약이 율법이 우리를 구원하지 못한 이유를 살펴보자.

3) 우리의 마음의 변화와 성령의 역사 사이에는 무슨 관계가 있는가?

4) 바리새인에게 있어서 문제된 점들을 다시 반성해보자.

5) 마태복음 5장을 '마음'이란 개념에 집중하여 함께 다시 읽어보자.

8. 참고문헌

1) 박수암. 『산상보훈: 신약주석』. 서울: 대한기독교출판사, 1990.

2) 정훈택. 『열매로 알리라: 마태복음에 나타나는 믿음과 행위의 관계 연구』. 서울: 총신대학, 1993.

3) France, R. T. 『마태복음』, 이강택 역, 서울: CLC, 2013).

4) Hagner, Donald A. 『WBC 성경주석 33 A, B: 마태복음 1-13. 14-28』, 채천석 역. 서울: 솔로몬, 1999.

5) Allison, Jr., Dale C. *Matthew.* 3 Vols. ICC. Edinburgh: T & T Clark, 1997.

6) Fritz Kunkel. *Creation Continues: A Psychological Interpretation of the Gospel of Matthew.* Mahwah: Paulist Press, 1987.

7) Thomas, W. H. Griffith. *Outline Studies in Matthew: A Devotional Commentary.* Grand Rapids: Kregel, 1985.

8) Hare, Douglas R. A. "How Jewish is the Gospel of Matthew?" *The Catholic Biblical Quarterly,* vol. 62 no. 2 (2000. 4.), 264-277.

9) Kingsbury, Jack Dean. "Form and Message of Matthew," *Interpretation,* vol. 29 no. 1 (1975. 1.), 13-23.

10) Schweizer, Eduard. "Observance of the Law and Charismatic Activity in Matthew," *New Testament Studies*, vol. 15 no. 2 (1969. 1.), 213ff.

마가복음

하나님의 아들과 인자

마가복음: 하나님의 아들과 인자

'예수 그리스도'란 이름은 두 가지의 단어로 구성된다. 먼저는 '예수'이며, 다음은 '그리스도'다. 예수는 인간으로서의 이름이며, 그리스도는 기름 부음을 받은 구세주라는 뜻을 가진 신적인 이름이다. 신학자들은 보통 초대 교회의 교리로서 증거된 예수 그리스도를 '신앙고백 상의 그리스도'라고 말한다. 성경 중 가장 먼저 쓰인 책들이 바울 서신인데, 바울에 의해 이러한 케뤼그마 상의 그리스도의 모습이 정리되게 되었다. 이와 같이 그리스도의 모습이 교리적으로 고정됨에 따라, 예수 그리스도의 역사적이며 실제적 모습이 위축되었는데, 이에 '역사적 예수'의 모습을 재건하기 위해 노력한 사람들이 복음서의 기자였던 것이다. 특히 마가복음은 복음서 중 가장 먼저 쓰인 책으로서 이 같은 예수 그리스도의 생생한 모습이 많이 드러나 있다.

마가복음에서 예수 그리스도에 대한 두드러진 칭호는 '하나님의 아들'(the Son of God)과 '인자'(the Son of Man)라는 말이다. 이에 있어 하나님의 아들이란 그리스도로서의 신적인 모습을 부각하며, 사람의 아들이란 용어는 예수로서의 인간적 면모를 부각한다. 특히 마가복음은 인간으로서의 예수가 신적인 그리스도임을 증언하는 책으로, 이를 설명하기 위한 분명한 전략을 우리에게 보여 준다. 곧 마가복음은 그 하나님의 아들로서의 그리스도의 진정성을 역사적으로 활동하였던 인간 예수의 모습을 통해 증명하려 했던 것이다. 예수 그리스도가 진정 하나님의 아들이라는 것을 알려면, 그가 인간으로서 받은 고난의 무게에 대해 살펴야 한다. 우리는 그가 이 세상에서 감당하였던 십자가와 부활 사건을 통해 그를 하나님의 아들로 알게 되는 것이다.

마가복음을 보면 예수 그리스도께서 그의 하나님 됨을 그의 인자 됨으로 종종 설명함을 보게 된다. 제자들이 그가 하나님의 아들이란 고백을 하였을 때에도 금방 그 말을 비밀에 붙이라 하시며, 자신의 그리스도 되심을 인자의 고난당하는 모습으로 대치하였다. 이와 같이 마가복음은 하나님의 아들과 인자로서의 예수 그리스도의 모습에 균형을 잡고 있는 것이다. 특히 마가복음은 예수 그리스도의 하나님의 아들 됨의 영광을 그의 고난과 비참함과 낮아짐에서 찾고 있는바, 우리도 그를 본받아 자기를 부인하며 자기 십자가를 지는 제자의 삶을 감내해야 할 것이라 생각한다.

1. 씨알 고르기

1) 요절 마가복음 8장 29-31절

"또 물으시되 너희는 나를 누구라 하느냐 베드로가 대답하여 이르되 주는 그리스도시니이다 하매, 이에 자기의 일을 아무에게도 말하지 말라 경고하시고, 인자가 많은 고난을 받고 장로들과 대제사장들과 서기관들에게 버린 바 되어 죽임을 당하고 사흘 만에 살아나야 할 것을 비로소 그들에게 가르치시되."

2) 주제: 하나님의 아들과 인자

2. 뿌리 내리기

케뤼그마(kerygma)란 용어는 헬라어로서, 선포(proclamation)나 메시지(message)란 뜻을 갖는다. 이 용어가 신약학에서 사용될 때에는 보통 '초대교회의 신앙고백'을 나타낸다. 신학자들은 이 세상에 사셨던 인간으로서의 역사적 예수(historical Jesus)의 모습과 신적인 신앙고백 상의 그리스도(kerygmatic Christ) 사이에 거리를 분석하기도 한다. 이에 성경에서 표현된 그리스도에 대한 교리와 실제 이 세상에 계셨던 예수님의 실제 모습 사이의 차이를 면밀히 분석함과 동시, 신학자들은 케뤼그마적 '그리스도'와 역사적 '예수'와 사이의 분명한 연관성을 검토하여 왔던 것이다.

초대교회의 신앙고백으로서의 케뤼그마의 내용이 고린도전서 15장 3-8절 또는 빌립보 2장 6-11절 등에 나타난다. 이 본문들은 모두 바울서신에 속한 것들로, 초대교회의 케뤼그마의 핵심을 예수 그리스도의 십자가와 부활에 두고 있다. 바울서신은 그 그리스도의 십자가와 부활에 의해 우리의 죄가 용서되었으며 우리가 구원되었다고 강조한다. 바울서신의 케뤼그마에선 예수 그리스도께서 왜 십자가에 처형되었으며, 어떤 수난의 절차를 거쳐 십자가의 죽음에 이르게 되었는지를 자세히 언급치 않는다. 예수 그리스도의 십자가와 부활 사건의 역사적 맥락과 진상은 생략된 체, 교리적인 내용으로 고착된 것이 초대교회의 케뤼그마이다.

예수 그리스도의 사역이 교리화되고 케뤼그마화 되어가는 과정 중에서 역사적 예수의 진정한 모습은 퇴색되어 갔으며, 이에 주후 50년대 경에 쓰인 바울서신의 역사성 부족에 반박하여 역사적 정황에서 예수 그리스도의 사역을 기술하려는 복음서들이 쓰이게 되었는바, 주후 70년대에 저술된 마가복음도 그런 대안적 복음서 중의 하나다. 복음서들은 교리와 제도상의 종교로 경직화되어가는 기독교에 새로운 활력을 제공

한 저작들이었다. 바울서신에 나타난 신앙고백으로서의 케뤼그마는 제도화된 교회의 메시지였다면, 마가복음 등의 복음서에 나타난 인간 예수에 대한 역사적 기술들은 보다 생생한 그의 모습을 담고 있다. 바울서신은 교회의 눈을 통한 예수 그리스도의 사건에 대한 진술이라면, 복음서는 생생한 목격자들에 의한 예수 그리스도의 사건에 대한 기록이라 할 수 있다.

사실 그간 우리 한국교회는 제도화된 교리로서의 바울서신적 케뤼그마에는 좀 더 익숙하였으나, 마가복음적인 예수 그리스도의 모습에는 다소 생소하였다고 생각된다. 바울서신은 하나님의 아들로서의 그리스도의 모습을 잘 전달하려는 것에 반해, 인자(사람의 아들)로서의 모습에 대해서는 많은 생략이 있었던 것이다.

이에 있어 마가복음은 하나님의 아들로서의 그리스도의 모습을 인자 예수의 모습을 가지고 해석하려 한다. 인자 예수는 그가 살았던 시대적 정황과 그의 사역의 역사적 맥락을 그대로 보유한 체 역사적 예수의 모습을 있는 그대로 우리에게 전달해주는바, 이 같이 마가복음서는 보다 생생한 구원의 현장을 우리에게 펼쳐주는 것이다. 그러므로 우리는 복음서에 나타난 이 같은 예수 그리스도의 역사성(historicity)을 간과해서는 안 될 것이다.

3. 줄기 세우기

장절	주 제	설 명
1:1-1:13	마가복음의 서론	예수 그리스도가 하나님의 아들이셨음을 입증하려는 책이 마가복음이다.
1:14-10:52	예수 그리스도의 갈릴리 사역과 말씀	먼 예루살렘으로부터 갈릴리 지역에 와서 예수 그리스도의 사역을 계속 감시하였던 유대 지도자들
11:1-12:44	예수 그리스도의 예루살렘 입성과 사역	예수 그리스도의 성전 체제 비판과 유대 지도자들과의 갈등의 증폭
13:1-13:37	예수 그리스도의 갈릴리 사역과 예루살렘 수난 사건 사이를 연결하는 종말론적 진술	그리스도의 십자가 수난과 부활 사역은 일상의 시각으론 이해할 수 없으며 종말론적인 특이한 시각이 필요하다.
14:1-15:47	예수 그리스도의 십자가와 부활	그리스도의 마지막 유월절 만찬과 공회에 잡혀 십자가를 지시는 역사적 사건들에 대한 진술
16:1-20	그리스도의 부활 사건에 대한 증언	부활과 승천으로 마무리되는 예수 그리스도의 생애와 사역

4. 가지 뻗기

마가복음에서의 예수 그리스도에 대한 칭호 중 중요한 두 가지는, '하나님의 아들'과 '인자'다. 하나님의 아들을 영어로 표현하면 **'Son of God'이며, 인자를 영어로 표현하면 'Son of Man'이 된다. 하나님의 아들과 사람의 아들**이란 말이다. 하나님의 아들이란 칭호는 마가복음에 8번 나타나며(막 1:1, 1:11, 3:11, 5:7, 9:7, 13:31, 14:61, 15:39), 인자(사람의 아들)라는 칭호는 14

번 나타난다(막 2:10, 2:28/ 8:38, 13:26, 14:62/ 8:31, 9:9, 9:31, 10:33-34/ 9:12, 10:45, 14:21(2번), 14:41).

1) 하나님의 아들이라는 칭호는 예수 그리스도가 누구신가(who)라는 것에 답변으로서 마가복음에서 8번 사용되었다. 하나님의 아들이란 칭호가 사용된 8번 중 두 번의 본문을 아래에 열거한다.

마가복음 1장 1절 "하나님의 아들 예수 그리스도의 복음의 시작이라." 마가복음은 책을 시작하며 예수 그리스도의 하나님 아들 되심을 분명히 전제하고 있다.

마가복음 14장 61절 "침묵하고 아무 대답도 아니하시거늘 대제사장이 다시 물어 이르되 네가 찬송 받을 이의 아들 그리스도냐"라는 질문에 대해 그리스도께서는 이를 긍정하셨다.

2) 인자라는 칭호는 예수 그리스도께서 이 세상에서 무엇(what)을 하신 분인가를 설명할 때 14번 사용되곤 하였는데 이 중 두 개를 아래에 열거한다.

마가복음 10장 45절 "인자의 온 것은 섬김을 받으려 함이 아니라 도리어 섬기려 하고 자기 목숨을 많은 사람의 대속물로 주려 함이니라."

마가복음 10:33-34 "보라 우리가 예루살렘에 올라가노니 인자가 대제사장들과 서기관들에게 넘겨지매 그들이 죽이기로 결의하고 이방인들에게 넘겨 주겠고, 그들은 능욕하며 침 뱉으며 채찍질하고 죽일 것이나 그는 삼 일 만에 살아나리라 하시니라."

이에서 보듯, 하나님의 아들이란 칭호는 예수 그리스도의 본질을 말하는 곳에서 사용되고 있으며, 인자라는 칭호는 예수 그리스도의 지상에서의 사역과 연관되어 쓰이고 있다. 하나님의 아들은 예수 그리스도가 누구(who)임을 묻는 칭호이며, 인자는 예수 그리스도가 무엇을(what) 하신 분이신가에 대한 칭호라는 것이다.

예수 그리스도께서 하나님의 아들이라는 것을 무엇을 보고 알 수 있는가라는 질문에 대해 마가복음은 그가 하신 일 곧 인간으로서 감수한 고난과 십자가를 보고 예수님을 하나님의 아들로 알게 된다고 말한다.

성경에 나타나는 하나님의 아들이란 말과 메시아 곧 그리스도(Christ)란 말은 모두 신적인 모습을 강조하는 이름들이다. 이에 비해 예수(Jesus)는 인간으로서의 그의 이름을 지칭하는 것으로, 사람의 아들로서의 그의 이름이라 할 수 있다. 메시아란 기름 부음을 받은 자를 말한다. 고대 시대엔 왕들이 이 같은 기름 부음을 받았는데, 고대 시대의 왕들은 메시아로서의 하나님의 아들 됨의 위용을 나타낸 자들이었다. 고대 시대에 백성을 다스리는 왕들은 하나님의 아들(파라오: '태양의 아들)이란 칭호를 받았던 것이다.

3) '하나님의 아들'을 해석하는 '인자'

하나님의 아들인 예수 그리스도를 이해하려면 사람의 아들로서의 그의 사역을 살펴야 한다는 것이다. 마가복음은 바울이 강조하였던 하나님의 아들 그리스도의 모습을, 역사 가운데에서 고난당하셨던 사람의 아들 예수의 모습을 통해 설명하려 한다. 핵심적인 두 구절들을 소개하려 하는데, 먼저는 베드로의 신앙고백 장면을 설명하는 마가복음 8장 29-31절의 본문이며, 두 번째의 본문은 변화산 상의 사건에 대한 기록으로서의 마가복음 9장 7-9절의 말씀으로, 위 두 개의 본문은 예수 그리스도의 이 세상에서 감수하신 수난과 십자가의 모습을 도외시한 체, 그가 하나님의 아들이심을 해석할 수 없음을 우리에게 전하고 있다.

〈가이사랴 빌립보와 변화산에서 드러난 하나님의 아들과 인자의 상관성〉

	하나님의 아들	인자
가이사랴 빌립보에서의 사건	8:29	8:31
	또 물으시되 너희는 나를 누구라 하느냐 베드로가 대답하여 가로되 주는 그리스도(메시아, 기름 부음을 받은자-신적 이름, 하나님의 아들)시니이다 하매 * 인간으로서의 이름이 예수	(이어) 인자(그리스도를 받는 말)가 많은 고난을 받고 장로들과 대제사장들과 서기관들에게 버린 바 되어 죽임을 당하고 사흘 만에 살아나야 할 것을 비로소 저희에게 가르치시되
변화산 상에서의 사건	9:7	9:9
	마침 구름이 와서 저희를 덮으며 구름 속에서 소리가 나되 이는 내 사랑하는 아들이니 너희는 저의 말을 들으라 하는지라. (하나님의 아들의 영광을 봄) * 하나님의 아들로서의 이름이 그리스도	(이 같은 소리를 듣고) 저희가 산에서 내려 올 때에 예수께서 경계하시되 인자가 죽은 자 가운데서 살아날 때까지는(수난과 부활) 쓴 것을 아무에게도 이르지 말라 하시니.(자신이 감내한 고난이 자기가 하나님의 아들임이 증거 한다는 말씀이다. 수난과 부활)

5. 꽃으로 피어나기

이 같은 '인자'라는 단어는 마가복음을 위시한 공관복음에만 나타난다. 요한복음이나 바울서신에는 인자라는 용어가 거의 나타나지 않는다. 인자란 칭호는 예수 그리스도가 자신을 지칭할 때 자주 사용한 것으로. 이에 인자는 초대교회의 고백에서 나온 칭호이기보다는, 복음서의 '역사적 예수 자신'에게서 유래된 칭호로 보인다.

중요한 것은 복음서의 기독론과 바울서신의 기독론 사이의 차이를 발견하는 일이다. 바울서신의 기독론은 헬라적인 신적 기독론(Hellenistic divine Christology)으로, 예수 그리스도의 하나님과 동등한 본성, 선재론, 성육신론, 부활 후 하늘에 올라간 그리스도, 그리고 그리스도에 대한 우주적 스케일의 예배 등이 강조된다. 그러나 마가복음에는 이런 신적 기독론의 경향이 거의 나타나지 않는다. 오히려 '인자'라는 칭호를 통한 예수 그리스도의 지상에서의 사역과 부활을 통한 종말 시의 그의 모습과 함께 인자 기독론이 강조되어 있다.

예수 그리스도의 초대교회의 교리상의 모습에 얽매어 그의 신의 모습만을 강조하고 이 세상에 오신 인간으로 모습을 간과하기 쉬운데, 오히려 고난당하는 인자로서 이 세상에 오셔서 인간들의 죄의 짐과 삶의 고통을 진 그의 모습을 상기하며 그의 하나님의 아들 됨의 의미가 심도 있게 고찰되어야 할 것이다. 빌립보서 2장 5-11절 말씀은 이런 하나님의 아들 기독론과 인자 기독론을 잘 종합하여 다음의 말씀으로 표현하고 있다.

> 너희 안에 이 마음을 품으라 곧 그리스도 예수의 마음이니, 그는 근본 하나님의 본체시나 하나님과 동등 됨을 취할 것으로 여기지 아니하시고, 오히려 자기를 비워 종의 형체를 가지사 사람들과 같이 되셨고(사람의 아들이 되셨다.), 사람의 모양으로 나타나사 자기를 낮추시고 죽기까지 복종하셨으니 곧 십자가에 죽으심이라(고난). 이러므

로 하나님이 그를 지극히 높여 모든 이름 위에 뛰어난 이름을 주사 (그러한 고난과 낮추심의 영광의 조건이었다.), 하늘에 있는 자들과 땅에 있는 자들과 땅 아래에 있는 자들로 모든 무릎을 예수의 이름에 꿇게 하시고, 모든 입으로 예수 그리스도를 주라 시인하여 하나님 아버지께 영광을 돌리게 하셨느니라.

우리는 영광의 능력의 하나님의 모습을 어디에서 찾을 수 있는지 질문하게 된다. 하나님의 참 거룩함과 위엄은 그의 고난 속에서 발견된다. 가난한 자의 아들로, 힘없는 모습으로, 십자가에 죽기까지 자신을 낮추시고 희생하신 모습에서 우리는 그의 신적인 영광된 면모를 발견하게 되며, 남을 위해 십자가를 지는 나약한 모습에서, 우리는 하나님의 찬란한 영광을 보게 되는 것이다.

마가복음서는 누가 진정한 왕이고 누가 진정한 메시아냐라는 질문을 한다. 마가복음은 하나님의 아들로서의 진정성은 인간으로서 그가 감당한 고난의 무게에 있음을 강조한다. 마태복음은 왕 메시아를 강조하는 반면 마가복음은 종 메시야를 드러내고 있으며, 누가복음에선 인간적 예수 그리스도의 모습이 부각되는 반면 요한복음에선 신적인 예수 그리스도의 모습이 강조되고 있다.

한 사람의 영광은 그 사람이 짊어진 십자가의 무게로 평가되어야 정당할 것이다. 그가 감내한 희생의 분량에 비례하여 이에 걸맞는 영예가 그에게 마땅히 주어져야 한다. 우리는 보통 하나님 아들의 영광을 생각할 때 왕궁에 있는 화려한 모습으로 생각하기 쉽다. 그러나 마가복음은 예수 그리스도를 마구간에 태어난 아기의 모습으로, 우리를 위하여 십자가상에 돌아가신 모습을 통하여 그의 주인 되시며 왕 되신 영광을 설명하려 한다. 섬김과 희생이 없는 영광, 아픔과 고난이 없는 성공은 없다.

> "인자의 온 것은 섬김을 받으려 함이 아니라 도리어 섬기려 하고 자기 목숨을 많은 사람의 대속물로 주려 함이니라"(막 10:45).

6. 열매 맺기

영광의 하나님 모습을 어디에서 찾을 수 있는지 묻게 된다. 하나님의 참 거룩함과 위엄은 그리스도의 고난 속에서 발견됨을 마가복음은 말한다. 가난한 자의 아들과 힘없는 모습에서, 십자가에 죽기까지 자신을 낮추신 희생에서 우리는 그의 신적인 면모를 발견하게 된다. 남을 위해 십자가를 지는 나약한 모습에서, 우리는 그의 하나님으로서의 찬란한 영광을 발견하게 되는 것이다.

이어 마가복음은 누가 진정한 왕이고 누가 진정한 메시아

냐라는 질문을 한다. 마가복음은 그가 왕이라고 지칭되는 것의 진정성은 그 이름 자체에 있는 것이 아니며, 인간으로서 그가 감당한 고난의 무게에 있음을 말한다. 그가 대통령이고 장관이라는 칭호와 이름이 중요한 것이 아니다. 그가 민족과 백성을 위해 어떤 고난을 감수하였냐가 그의 진정한 왕관의 무게를 나타낸다. 아무리 다른 사람들로부터 칭송을 받는다 하여도, 그가 실제에 있어 다른 사람을 위해 희생한 것이 없다면 껍데기에 지나지 않게 된다. 고난과 희생과 겸비가 없는 영광은 거짓 영광이며 허울뿐인 것이다. 왕관을 쓰려하는 자는 그 왕관의 무게를 견뎌야 한다.

오늘 우리에게 필요한 지도자는 그런 백성의 앞에서 고난을 감수하는 자이다. 백성 위에 군림하여 영광만 누리고 칭찬만 받고 부귀와 영화만을 누리는 그런 지도자는 바른 지도자일 수 없다. 오히려 그 사람의 영광은 그 사람이 짊어진 십자가의 무게로 평가되어야 한다. 학벌 좋고, 집안 좋고, 부자이고, 잘생긴 그런 기준들이 지도자로서의 평가 기준이 되어선 안 된다. 백성을 위해서 얼마나 묵묵히 일하였는지, 그의 진정한 인내와 희생이 무엇이었지, 남이 알아주지 않는 데에도 얼마나 성실히 그 일에 임하였는지 등의 기준이 중요하다.

민족 앞에서 뚜렷한 역사의식과 가치관을 가지고 백성들이 짊어질 고난의 무게를 감당하고자 노력하였던 자, 그리고 그런 십자가의 무게를 버티며 새로운 시대로서의 종말(파루시아)

를 열 수 있는 능력을 가진 자, 그런 사람이 민족의 지도자로서의 영예를 차지해야 하는 것이다.

그가 감당한 고통의 무게가 정확히 그가 칭송받아야 할 영광의 무게라는 것을 마가복음은 우리에게 말한다. 교회의 지도자인 목사와 장로들도 주어진 십자가와 희생과 인내를 감수하여야만, 그 이름에 맞는 영광을 갖게 되는 것임을 우리는 마가복음을 통해 배우게 된다. 마태복음 20장 25-28절은 이러한 내용을 아래와 같이 간추리고 있다.

> 예수께서 제자들을 불러다가 가라사대 이방인의 집권자들이 저희를 임의로 주관하고 그 대인들이 저희에게 권세를 부리는 줄을 너희가 알거니와, 너희 중에는 그렇지 아니하니 너희 중에 누구든지 크고자 하는 자는 너희를 섬기는 자가 되고, 너희 중에 누구든지 으뜸이 되고자 하는 자는 너희 종이 되어야 하리라. 인자가 온 것은 섬김을 받으려 함이 아니라 도리어 섬기려 하고 자기 목숨을 많은 사람의 대속물로 주려 함이니라.

이어 마가복음은 주님을 따르는 제자들의 제자도에 대해 언급한다. 제자는 스승의 길을 따를 의무를 지닌다. 스승과 다른 길을 간다면 그 제자는 스승의 바른 제자가 아니다. 그러므로 예수 그리스도의 제자는 그가 걸었던 길을 따라야 할 것이다. 스승 예수께서 가셨던 길을 한 마디로 요약하면 십자가 고난의 길이라 할 수 있다. 그가 걸었던 길을 영광스럽고 편한 길이 아니다. 그러므로 그의 제자 된 우리가 그를 바로 좇는 길이란, 그가 십자가를 지셨듯 우리도 자신에게 주어진 십자가를 지는 것이다. 이런 고난을 통해 우리는 선교의 길을 걷게 된다. 마가복음 8장 34절은 "무리와 제자들을 불러 이르시되 누구든지 나를 따라 오려거든 자기를 부인하고 자기 십자가를 지고 나를 따를 것이니라"라고 한다.

7. 열매 나누기

1) 하나님의 아들과 사람의 아들(인자) 사이의 상호연관성에 대해 설명해보자.

2) 신앙고백 상의 그리스도와 역사적 예수의 상호보완성에 대해 말하여보자.

3) 마가복음에서 예수 그리스도께서는 그 자신을 종종 비밀에 부치시곤 하셨다. 이 같은 메시아 비밀(messianic secret, 자신이 하나님의 아들임을 감추려는 사상; 막 1:43-45, 3:11-12, 8:39, 7:24, 4:10-13)

사상과 인자로서의 예수 그리스도의 모습을 서로 연결해 생각하여 보자(막 4:11-12, 8:29-30, 9:9, 10:33-34).

4) Deus absconditus, Deus revelatus('감춰진 하나님 드러난 하나님')란 라틴어가 있다. 이와 같이 마가복음은 감춰짐과 동시에 드러나신 예수 그리스도의 모습에 대해 설명하는데, 이러한 예수 그리스도의 양면성의 이유에 대해 논의하여 보자(막 4:22).

5) 마가복음에 나타난 참다운 지도자의 모습에 대해 이야기해보자.

8. 참고문헌

1) 노영상. 『마가복음에 피어오른 구원 무지개』. 서울: 쿰란출판사, 2007.

2) 박수암. 『마가복음』. 서울: 대한기독교서회, 1993.

3) 권현익. 『마가복음 기사의 진행과정에 나타난 하나님 나라와 메시아 증명의 문제들』 (미간행석사학위논문). 서울: 총신대학 신학대학원, 1990.

4) 류태선. 『마가 비유장(막 4:1-34)에 나타난 하나님 나라의 '비밀'과 '현현' 모티프』 (미간행석사학위논문). 서울: 장로회신학대학교 대학원, 1996.

5) 이전호. 『문학비평에 의한 마가 이야기의 주제 연구』 (미간행석사학위논문). 서울: 장로회신학대학교 대학원, 1994.

6) France, R T. 『마가복음』. 주석시리즈 새물결플러스. 서울: 새물결플러스, 2017.

7) Âisänen, Heikki. *Studies of the New Testament and its World: The 'Messianic Secret' in Mark,* trans. by Christopher Tuckett. Edinburgh: T. & T. Clark, 1990.

8) Taylor, Vincent. *The Gospel According to St. Mark.* New York: Macmillan, 1959.

9) Telford, W. R. *The Theology of the Gospel of Mark.* Cambridge: Cambridge University Press, 1999.

누가복음

평화를 강조하며 기독교를 변호하는 책

누가복음: 평화를 강조하며 기독교를 변호하는 책

누가복음은 일종의 변증신학적이며 호교론적인 책이다. 초대교회 당시 기독교가 비합리적이며 비도덕적이며 혁명적인 종교라는 비판이 있었다. 이에 대해 기독교를 변호하려는 호교론적 신학자들이 많이 있었는데, 그중 순교자 저스틴이나 테르툴리아누스가 유명하다. 이들은 기독교가 당시 로마의 통치에 반하는 종교가 아니며, 로마의 평화에 도움이 되는 종교임을 말하였다. 물론 기독교는 이성을 초월하는 종교로 그것의 합리성을 증명할 필요는 없으나, 당시 기독교에 대한 강한 비난들이 있었으므로 이에 변호할 필요를 가졌던 것이다.

이런 각도에서 누가복음은 당시 로마의 지배 세력과 가능하면 부딪히지 않으려는 노력을 하고 있다. 예수 그리스도의 언행이나 십자가상에서의 처형을 가능한 한 로마제국과의 갈등의 양상으로 그리기보다는 상당히 종교적 영역의 내용으로 묘사한다. 특히 누가복음은 평화(헬라어, '에이레네')라는 단어를 14번 언급하면서, 할 수만 있으면 국가 권력뿐 아니라 모든 부류의 사람들과 평안하고 화목하게 지내려는 의도를 분명히 하고 있다(롬 12:18). 우리가 복음을 원활히 전하려면 다른 사람들과 쓸데없는 갈등을 야기할 필요가 없다. 우리에게 중요한 것은 인류가 복음을 믿어 구원받는 것이므로 우리는 이 일을 위해 불필요한 오해를 받을 필요가 없는 것이다

1. 씨앗 고르기

1) 요절 누가복음 1장 3-4절

"그 모든 일을 근원부터 자세히 미루어 살핀 나도 데오빌로 각하에게 차례대로 써 보내는 것이 좋은 줄 알았노니, 이는 각하가 알고 있는 바를 더 확실하게 하려 함이로다."

2) 주제: 평화를 강조하며 기독교를 변호하는 책

2. 뿌리 내리기

누가복음의 서문은 누가복음이 로마의 고위 관리였던 데오빌로 각하에게 보내진 복음서임을 강조한다. 사도행전도 이어서 쓴 누가는 기독교가 로마에 위협적인 종교가 아님을 변호하는 호교론(apology)적이며 변증적인 입장을 두 책에서 견지한다. '데오빌로'는 번역하면, '하나님의 친구'로서 로마와 기독교가 서로 친구 된 사이임을 은근히 나타낸다. 누가는 기독교가 로마에 위험한 종교가 아니며, 오히려 로마를 포함한 이 세계에 긍정적인 공헌을 할 수 있는 종교임을 밝히려는 데에 주력하고 있다. 누가는 기독교가 반제국적이거나 혁명적이며 이교적 종교가 아님을 설명하고자 했던 것이다. 오히려 기독교는 인간의 도덕성을 옹호하며 여성이나 사회적 약자를 지지하는 포용적인 보편 종교임을 누가복음을 밝히고자 하였다(참조, 행 1:8). 이런 성평등적인 견지에서 누가복음과 사도행전은 예수님의 선교에서 여성의 역할을 부각시키고 있다.

3. 줄기 세우기

<table>
<tr><th>장절</th><th>주제</th><th colspan="2">설명</th></tr>
<tr><td>1:1-4</td><td>누가복음의 서론</td><td colspan="2">당시 로마의 고위직에 있었던 데오빌로 각하에게 보낸 편지임을 언급</td></tr>
<tr><td>1:5-3:38</td><td>인자 되신 예수 그리스도의 탄생</td><td colspan="2">예수 그리스도의 탄생은 아구스도(아우구스투스) 황제가 천하로 다 호적하라는 명에 의거하여 일어난 일이었음</td></tr>
<tr><td>4:1-13</td><td>마귀로부터 시험받으신 예수 그리스도</td><td colspan="2">예수 그리스도께서는 이 세상의 부귀나 권력에 관심을 가지신 분이 아니셨다.</td></tr>
<tr><td rowspan="3">4:14-9:50</td><td rowspan="3">환영받으신 시기: 인자의 갈릴리에서의 사역, 그리스도께서 환영받으신 시기</td><td>4:14-30</td><td>나사렛 회당에서 가르치심</td></tr>
<tr><td>4:31-6:11</td><td>가버나움과 그 주변에서의 사역</td></tr>
<tr><td>6:12-9:50</td><td>갈릴리에서의 사역들</td></tr>
<tr><td rowspan="5">9:51-19:27</td><td rowspan="5">배척받으신 시기: 갈릴리에서 예루살렘으로 들어가기까지의 사역과 함께 배척받으신 예수 그리스도</td><td>9:51-62</td><td>예루살렘을 향하여 가시는 동안 그리스도에 대한 배척이 점증 됨</td></tr>
<tr><td>10:1-11:13</td><td>70인의 제자들의 선교와 결과와 배척당하시는 예수 그리스도에 대한 기록</td></tr>
<tr><td>11:14-12:59</td><td>바리새파 사람들을 위시한 유대 지도자들에 대한 우회적 비판</td></tr>
<tr><td>13:1-18:30</td><td>가르침과 기적과 경고와 비유들</td></tr>
<tr><td>18:31-19:27</td><td>예루살렘 도착 직전까지 있었던 일들에 대한 기록으로서 특히 자신의 수난과 부활에 대해 언급하심</td></tr>
</table>

장절	주제	설명	
19:28-24:53	예수 그리스도의 십자가 수난과 부활	19:28-23:56	예루살렘에서 수난받으신 마지막 한 주간의 기록
		24:1-53	부활 사건을 통해 그리스도로 입증받으심

4. 가지 뻗기

누가복음은 변증적 입장에서 예수 그리스도의 삶의 여정과 그의 행적들을 다음과 같이 재정리하고 있다.

1) 누가복음은 신약의 다른 복음서와는 달리 로마 황제(아구스도, 기원전 27-서기 14/ 디베료, 서기 14-37/ 글라우디오, 서기 41-54)와 로마 고급 관리의 이름이 많이 나온다. 기독교가 변방의 종교가 아니며 로마제국의 중심과 맞물려 있는 종교임을 은근히 나타내는 것이다.

2) 다음으로 누가는 요셉이 로마의 초대 황제 아구스도(아우구스투스)의 인구조사 칙령에 순종하여 베들레헴으로 가게 되었으며, 그곳에서 예수 그리스도를 낳게 되었음을 강조한다(2:1-5).

3) 누가복음 3장 10-14절에선 세례 요한의 로마 세리에 대한 비판을 언급하는 중, "부가된 것 이외는 거두지 말라"(13절)

고 하며 당시 세금을 내지 말라고 했던 젤롯당(열심당)과의 의견 차이를 분명히 했다.

4) 특히 누가는 로마 백부장에 대한 호의적인 기사를 쓰고 있다(7:1-10, 백부장의 종을 고침). 또한 누가복음 23장 47절에서는 로마의 백부장이 예수 그리스도를 '의인'이라고 증언한다.

5) 예수 그리스도를 심판한 로마 총독 빌라도가 예수를 무죄로 선언하고 있는 대목을 누가는 부각하고 있다(23:4 "내가 보니 이 사람에게 죄가 없도다."). 누가복음 23장에는 예수 그리스도를 풀어주려고 노력하는 빌라도의 갖은 노력을 보게 된다. 23:16에는 "때려서 놓겠노라"라는 말이 나온다. 마가는 예수 그리스도를 채찍질하였다고 묘사하나, 누가는 예수 그리스도를 가벼운 태형을 받는 것으로 말한다.

6) 누가는 예수 그리스도의 행동 중 로마에 오해될만한 것에 대해서는 상당히 축소하고 있다. 또한 예수의 사역에 대해 비정치화의 작업을 하였다. 누가복음은 예수의 예루살렘 입성을 다른 복음서와 비교하여 볼 때, 그 내용을 비정치화하고 있으며, 평화적인 관점에서 서술하였다. 누가는 19장 45-48절에 나타나는 예수 그리스도의 성전 청결 사건을 다른 복음서들에 비해(마 21:12-17, 막 11:15-19, 요 2:13-22) 상당히 온건하게 기술하고 있다.

7) 누가는 예수 칭호 앞에 다윗의 자손이라는 말을 생략해 버림으로써, 민족주의적인 의미를 축소하였다(눅 19:38, 마 21:9, 막 11:10 등과 비교). 또한 누가는 예수 그리스도의 성전 정화 작업 사건을 상당히 축소하고 있다(19:45-46). 당시 대제사장들을 로마의 통치를 대신하던 자들로서, 그들에 대한 도전은 로마의 통치에 대한 도전으로도 생각될 수 있기 때문에, 누가는 이 사건에 대해 상당히 조심하여 쓰고 있다. 누가는 요한과는 달리 단지 두 절만을 이 사건을 기록하는데 할애하였던 것이다.

8) 이러한 경향의 클라이막스는 로마에 내는 세금의 문제에서 나타난다. 유대의 종교지도자들은 예수를 정치적으로 책잡기 위하여(20:20), 가이사에게 세금을 바치는 것이 옳으니까라는 질문을 하였다. 하나님이냐 가이사냐라는 양자택일(either... or...)의 문제를 제기하였을 때, 예수는 양자 모두(both... and...)를 강조함으로써 민감한 문제를 우회하였다(20:25). 당시 열심당원들은 로마에 세금을 내지 않아야 한다는 주장을 하였던 반면에 예수는 기존의 정치 질서를 인정하고 로마 당국과 평화적이며 우호적인 관계를 맺도록 가르치셨다.

9) 또한 누가복음에는 예수를 처형한 군인들의 행동을 온건하게 묘사하고 있다. 누가는 로마총독 관저에서 있었던 군인들의 예수 희롱사건을 의도적으로 생략하였다. 누가는 예수

의 십자가 위에 있던 죄패를 죄패라 부르지 않고 그저 패라고 부르고 있다(눅 23:38과 막 15:26, 마 27:37 비교). 누가의 비정치화의 작업은 "제 십자가를 지고 나를 따르라"라는 부분에서도 나타난다(눅 9:23과 막 8:34, 마 16:24). 이곳에서 누가는 그 앞에 '날마다'라는 문구를 삽입하여 그 의미를 실존적이며 윤리적인 의미로 바꾸었다.

10) 참조: 누가복음서에 이어 누가는 사도행전을 데오빌로에게 보낸 것임을 말하면서, 바울의 로마 시민권이 그의 선교에 도움이 되었음을 강조하였다.

(1) 사도행전 22장 25-29 "가죽 줄로 바울을 매니 바울이 곁에 서 있는 백부장더러 이르되 너희가 로마 시민된 자를 죄도 정치 아니하고 채찍질할 수 있느냐 하니, 백부장이 듣고 가서 천부장에게 전하여 이르되 어찌하려 하느냐 이는 로마 시민이라 하니, 천부장이 와서 바울에게 말하되 네가 로마 사람이냐 내게 말하라 이르되 그러하다. 천부장이 대답하되 나는 돈을 많이 들여 이 시민권을 얻었노라 바울이 이르되 나는 나면서부터라 하니, 심문하려던 사람들이 곧 그에게서 물러가고 천부장도 그가 로마 시민인 줄 알고 또 그 결박한 것 때문에 두려워하니라."

당시 로마는 이스라엘 민족을 식민화한 나라이다. 바울은 자기 민족을 식민화한 나라의 시민권을 드러내며 그것을 선교를 위한 한 방편으로 활용하였던 것이다.

2) 사도행전 24장 3절 "벨릭스 각하여 우리가 당신을 힘입어 태평을 누리고 또 이 민족이 당신의 선견으로 말미암아 여러 가지로 개선된 것을 우리가 어느 모양으로나 어느 곳에서나 크게 감사하나이다."

한 사람이 일제 강점기에 일본 고위 관리에게 위와 같이 말했다면, 이는 너무 일본을 추켜세운 것으로, 바울은 가능하면 당시의 지배 세력과의 갈등을 줄여나가면서 선교하려 했던 것을 느끼게 된다.

(3) 사도행전 28장 31절 "하나님의 나라를 전파하며 주 예수 그리스도에 관한 모든 것을 담대하게 거침없이 가르치더라."

누가가 쓴 사도행전의 마지막 문장이다. 이 본문은 바울이 로마 지경에서 선교하는 것에 어떤 장애도 없었음을 말한다. 로마와 기독교의 선교 사이에 충돌되는 요소가 없었음을 간접적으로 증언하는 말이다. 이 본문은 누가복음과 사도행전 전체를 아우르는 결론과 같은 말씀으로 기독교의 복음 전파가 로마제국에 있어 큰 문제가 되지 않았음을 나타내는 중요한 언급이라 할 수 있다. 이 본문은 기독교가 제국의 중심부에서 활발히 활동하였음을 나타내는 것이다.

5. 꽃으로 피어나기

> 바리새인들이 하나님의 나라가 어느 때에 임하나이까 묻거늘 예수께서 대답하여 이르시되 하나님의 나라는 볼 수 있게 임하는 것이 아니요, 또 여기 있다 저기 있다고도 못하리니 하나님의 나라는 너희 안에 있느니라(눅 17:20-21).

누가복음의 위의 말씀은 세상 나라와 하나님 나라 사이의 간극에 대해 말한다. 두 나라는 그것이 위치하는 곳이 다르다. 하나는 눈에 보이는 나라이지만, 다른 하나는 우리의 내면 속에 있어 눈에 보이지 않는다. 그러함에 두 나라 사이에 충돌의 가능성도 없다. 요한복음 18장 36절은 이러한 나라 사이의 상이성을 “내 나라는 이 세상에 속한 것이 아니다”라는 말로 표현한다. 누가복음은 예수 그리스도를 우리의 주이시요 왕이시라고 한다. 당시 로마제국에서 주라고 불린 사람은 왕밖에 없었다. 주인이 둘이니 충돌할 수밖에 없지만, 누가는 이런 충돌의 가능성을 지배 영역의 상이성을 가지고 풀었던 것이다. 그러므로 세상 나라는 하나님의 나라를 견제할 필요가 없다. 이에 누가는 두 권력의 상이성에 대해 아래와 같이 피력하고 있다.

> 또 그들 사이에 그중 누가 크냐 하는 다툼이 난지라. 예수께서 이르시되 이방인의 임금들은 그들을 주관하며 그 집권자들은 은인이라 칭함을 받으나, 너희는 그렇지 않을지니 너희 중에 큰 자는 젊은 자와 같고 다스리는 자는 섬기는 자와 같을지니라(눅 22:24-26).

하나님의 나라는 힘으로 지배하는 나라가 아니다. 칼을 가지고 상대를 정복하거나 억압하는 통치를 추구하지 않으며, 섬김으로 다스리는 나라로서 힘을 가지고 무엇을 해보려는 나라와 상충되지 않는다. 힘으로 나온다면 그 힘 앞에 약함으로 나서는 나라가 하나님의 나라이며, 폭력 앞에 저항하지 않고 그것을 사랑으로 감싸는 나라가 주님의 나라인 것이다.

누가는 이와 같이 어떤 나라가 더 온전하며 우주적인 나라인가를 독자들에게 묻고 있다. 누가는 하나님의 나라가 세상 나라와 다투지 않지만, 세상의 모든 나라를 그 속에 복속시키는 힘을 가지고 있음을 우리에게 역설하고 있는 것이다. 이와 같이 누가는 더 온전하며 보편적인 나라로서 하나님 나라를 제시한다. 이 세상 나라는 한계가 있고 유한한 나라이지만, 하나님의 나라는 완벽하고 영원한 나라다. 우리의 참 주인 되시는 분은 하늘의 하나님 아버지로서, 예수 그리스도께서 또한 우리의 주이시며 구주가 되심을 누가는 강조하고 있다. 누가복음 2장 11절은 이르길, "오늘 다윗의 동네에 너희를 위하여 구주가 나셨으니 곧 그리스도 주시니라"라고 한다. 누가는 로마제국은 한 영역의 사람들을 다스리는 나라이지만, 하나님의 나라는 만민을 위한 인류의 보편적이고 우주적인 나라임을 증거한다. 그것은 예수님의 족보가 유대인에 한정되지 않고 아담까지 거슬러 올라가는 것을 통해서도 알 수 있다(눅 3:38). 누가복음 2장 30-32절은 다음과 같이 언급한다.

> 내 눈이 주의 구원을 보았사오니, 이는 만민 앞에 예비하신 것이요.
> 이방을 비추는 빛이요 주의 백성 이스라엘의 영광이니이다 하니.

인류를 진정 모든 억압에서 해방하고 구원하실 분은 예수 그리스도로서, 그는 이스라엘의 구원자일 뿐 아니라 이방인을 포함한 만민의 구원자이심을 누가복음을 선포한다. 이에 누가복음에는 많은 이방인들의 이름이 쓰여 있음과 동시 그들도 주님의 구원의 빛을 보고 있음을 전하고 있다(눅 17:18). 이에 우리는 예수 그리스도가 참 주인이시며 우리의 유일한 구원자이심을 고백하게 된다.

6. 열매 맺기

우리는 이 같은 누가의 입장을 평화신학이라는 말로 요약할 수 있다. 그는 가능한 한 기존 질서의 혁명적이며 폭력적인 변혁을 원치 않았으며, 평화 가운데 점진적인 개선을 원했다. 교회는 가능한대로 세상 권력들과 불편한 관계가 되지 않는 것이 좋다고 그는 생각했다. 평화(헬라어, '에이레네')라는 단어가 마가에는 1번, 마태에는 4번, 요한에는 6번의 나오는 반면, 누가에는 14번 나타난다(눅 24:36).

우리는 이 세상의 것을 얻기 위해 싸우는 자들이 아니다. 우리에게 진정으로 긴요한 것은 눈에 보이지 않는 것으로서, 눈에 보이는 것을 추구하는 사람들과 다툴 이유가 없다. 이에 기독교인들을 다른 사람들과 가능하면 평화롭게 지낼 필요가 있으며, 그렇게 할 때 복음 전도가 더 용이해질 것이다. 물론 이전 기독교에 대한 신앙 때문에 고난당하고 순교까지 당한 많은 신자들이 있었다. 주변의 교인 중에도 예수를 믿는 것 때문에 가족들로부터 엄청난 고통을 당한 분들도 적지 않다. 신앙을 지킨다는 것은 때에 따라 큰 위험이 될 수도 있다. 그러나 우리는 이러한 어려움 중에도 이 세상의 참 주인되시는 예수 그리스도를 바라보며, 이 같은 난관들을 돌파해 나가야 할 것이다.

7. 열매 나누기

1) 로마서 12:18 "할 수 있거든 너희로서는 모든 사람으로 더불어 화목하라"는 본문을 묵상하고 서로 생각을 나눠보자.

2) 기독교인은 현실과 어느 정도까지 타협(compromise)할 수 있는가?

3) 교회와 국가의 바른 관계에 대하여 생각하여보자.

4) 성직자는 세금 내는 문제에 대해 토의해보자.

5) 초대 교회 저스틴 마터(Justin Martyr), 테르툴리아누스(Tertullianus) 등의 기독교를 사회를 향해 변호하고자 했던 호교론자(apologist)들의 입장에 대해 정리하여보자.

8. 참고문헌

1) 김득중. 『누가의 신학』. 서울: 컨콜디아사, 1991.

2) 김정권. 『누가의 정치, 사회적 예수상에 대한 연구』. 서울: 감리교신학대학 신학대학원, 1986.

3) 정태현. 『모든 이에게 평화의 복음을: 루가복음과 사도행전의 신학적 주제 연구』. 서울: 성서와 함께, 1991과 동일 저자의 "루가의 정치적 호교론 (1), (2)," 『성서와 함께』, 제175-6호 (1990. 10., 11.).

4) 이문식. "예수와 정치(1): 누가는 친로마주의자였는가," 『복음과 상황』. 제3호 (1991. 5.), 124ff.

5) 하동안. "누가의 구원사에서 본 평화사상," 『신학이해』, 제7집 (1989), 37-52.

6) Bock, Darell L. 『누가복음』. 1-2권, BECNT, 신지철 역. 서울: 부흥과 개혁사, 2017.

7) Marshall, I. Howard. 『누가복음』. 1-2권, 강요섭 역. 서울: 알맹e, 2023.

8) Conzelmann, Hans. *The Theology of St. Luke,* trans. by Geoffrey Buswell. New York: Harper & Brothers, 1960.

9) Green, Joel B. *The Theology of the Gospel of Luke.* Cambridge. New York: Cambridge University Press, 1995.

10) Keck, Leander E. *Studies in Luke-Acts.* London: S.P.C.K., 1968.

요한복음

말씀과 성령에 의한 증거

요한복음: 말씀과 성령에 의한 증거

요한복음은 크게 두 부분으로 나누인다.

먼저는 1-12장으로 보통 표적의 책(the book of sign)으로 불린다. 요한복음은 예수께서 그리스도이심을 입증하는 책이다. 이 전반부에선 말씀을 통한 예수 그리스도에 대한 증거(witness) 방식이 강조된다. 이러한 말씀에 의한 증거 방식의 보조적인 수단으로, 총 7개의 표적 기사가 기록되어 있다. 증거는 언어적인 사건인 반면에, 표적은 그리스도의 행함에 의한 사건이다. 예수 그리스도께서는 자신에 대해 여러 가지의 증거를 하셨으나 사람들이 그 말을 믿지 못하므로, 그는 그들에게 그 증거를 보완하는 표적을 나타내 보이셨던 것이다(요 4:48). 예수께서는 자신의 증언을 듣고(hearing) 사람들이 자신의 말을 믿어주기를 바랬으나, 그러한 기대는 실현되기 어려웠었다.

다음으로 13-21장은 영광의 책(the book of glory)으로 일컬어지는데, 이 부분 중 특히 18-21장에는 예수 그리스도의 고난과 부활에 대한 묘사가 나타난다. 요한복음은 예수 그리스도를 증거하는 핵심 방식에 있어, 말씀에 의한 증거와 성령에 의한 증거 두 가지가 중요함을 말한다. 이에 있어 요한복음의 후반부는 성령에 의한 증거의 중요성에 대해 언급한다. 요한복음의 전반부에서는 예수 그리스도께서는 육신을 입고 이 세상에 나타나신 것이 드러나고 있는 반면, 후반부에선 보혜사 성령의 위치가 부각되면서 그리스도께서 다시 하늘로 귀환하시는 내용을 말하고 있는 것이다.

1. 씨알 고르기

1) 요절  요한복음 8장 14-18절

"예수께서 대답하여 이르시되 내가 나를 위하여 증언하여도 내 증언이 참되니 나는 내가 어디서 오며 어디로 가는 것을 알거니와 너희는 내가 어디서 오며 어디로 가는 것을 알지 못하느니라. 너희는 육체를 따라 판단하나 나는 아무도 판단하지 아니하노라. 만일 내가 판단하여도 내 판단이 참되니 이는 내가 혼자 있는 것이 아니요 나를 보내신 이가 나와 함께 계심이라. 너희 율법에도 두 사람의 증언이 참되다 기록되었으니, 내가 나를 위하여 증언하는 자가 되고 나를 보내신 아버지도 나를 위하여 증언하시느니라."

이 본문은 두 가지의 증거에 대해 말한다. 먼저는 예수 그리스도의 그 자신에 대한 증거이고, 다음은 성령을 통한 하나님의 그리스도에 대한 증거이다. 예수 그리스도에 의한 증거를 인식의 객관적 측면이라고 한다면, 성령에 의한 증거를 인식의 주관적인 측면이라고 할 수 있다.

2) 주제: 말씀과 성령에 의한 증거(witness)

2. 뿌리내리기

하나님은 인간들이 자신을 분명히 알 수 있도록 하셨다. 출애굽기 4장에서 하나님께서는 모세에게 나타나, 모세와 백성들이 그가 하나님이신 것을 알게 하시기 위하여 확실한 표징(sign)을 주신 바 있다. 출애굽기 4장 9절에서 하나님은 모세에게 세 번째의 표징을 주시면서, 앞의 두 가지의 이적의 표징을 백성들이 믿지 않을 가능성은 있어도, 이 세 번째의 표징은 분명한 증거가 될 것임을 모세에게 말씀하셨다. 하나님이 우리에게 주시는 표징은 애매모호한 증거가 아니며, 누구든지 그것을 보고 들었을 때 믿을 수밖에 없는 확실한 증거인 것이다(요한 21:24).

구약성경에서 하나님께서는 모세에게 일종의 이적의 표징을 통하여 자신을 증거 하셨으나, 신약에선 더 분명한 하나님에 대한 증거가 제시하고 있다. 요한일서 5장 8절의 말씀은 예수 그리스도를 증거하는 것이 성령과 물과 피라고 하셨다. 성령과 세례 시의 물과 예수 그리스도의 성육신 하신 몸의 피가 그리스도를 하나님으로 증거한다는 말씀이다. 하나님의 성령과 교회의 전통으로서의 세례 및 성육신하신 말씀이 그리스도의 증거가 된다는 것이다. 말씀과 성령과 교회의 전통이 예수께서 그리스도임을 증거하는 내용이 된다. 이 셋은 서로가 서로를 필요로 하는 것으로, 그 셋이 합하여 하나의 증거를 이루는 것임을 요한일서 5장은 언급한다(요일 5:7-8).

요한복음은 이러한 인간을 향한 하나님에 대한 증거를 말하는 책이다. 하나님의 증거는 일차원적인 증거가 아니다. 말씀과 성령과 전통에 따른 삼중적 증거이다. 이전 모세에게 세 가지의 증거를 주셨듯, 오늘 신약시대에도 세 차원의 증거가 우리에게 주어져 있다. 하나의 증거로는 부족한 점이 있을지 모른다. 그러나 두세 사람의 증거가 참되듯(신 19:15), 세 가지의 동일한 것에 대한 증거는 피할 수 없는 확실한 증거가 된다. 오늘의 시대에는 예수 그리스도라는 확실한 계시가 말씀과 성령을 통해 중복 증거되고 있다.

3. 줄기 세우기

장절	대구분	장절	소구분
1-12장	표적의 책(the book of sign): 표적과 말씀에 의한 증거	1장	서론: 하나님의 아들의 성육신-요한복음은 예수가 그리스도임을 입증하는 책임
		2:1-10	표적 1: 물이 변하여 포도주가 됨
		- 2:23-25	표적이나 인간의 증거는 이차적인 것일 뿐이다.
		3-4장	각 지역에 출현하신 예수 그리스도
		4:46-54	표적 2: 왕의 신하의 아들을 고치심
		5:1-9	표적 3: 38년 된 병자를 고치심
		- 5:31-47	이 본문에선 그리스도에 대한 몇 가지 증거들이 나열된다. 예수 그리스도 자신의 증거, 성령을 통한 하나님의 증거, 성경에 의한 증거, 인간에 의한 증거 등으로 이 증거를 믿는 것이 구원의 길임을 말함
		6:1-14	표적 4: 5천 명을 먹이신 그리스도
		6:15-21	표적 5: 물 위를 걸으시며 배를 기적적으로 목적지에 이르게 한 그리스도
		- 8:14-18	말씀에 의한 증거와 성령에 의한 증거로서의 두 가지의 결정적 증거에 대해 설명
		9:1-41	표적 6: 소경을 고치신 예수님
		11:1-44	표적 7: 나사로를 살리신 그리스도
		7-12장	예루살렘 지경에서 배척당하신 예수 그리스도
13-21장	영광의 책(the book of glory): 성령과 제자들에 의한 증거	12:37-40	왜 주님의 말씀을 듣고도 믿지 못하는 이유는 그들의 마음이 완고해졌기 때문
		14:26	이에 말씀을 듣고 믿기 위해서는 마음을 변혁하시는 보혜사 성령의 역사가 필요함
		16:13	성령께서 우리를 진리 가운데로 인도하시는 분임
		18-21장	예수 그리스도의 수난과 부활에 대한 증언
		- 20:29	표적을 보고 믿는 것보다, 보지 않고 말씀을 통해 믿는 것이 더 복됨을 강조

4. 가지 뻗기

요한복음은 몇 가지의 증거에 대해 말한다. 사람에 의한 증거, 이적적인 표적(sign)을 통한 증거, 말씀에 의한 증거 및 성령에 의한 증거이다. 요한복음 2장 23-25절은 앞의 두 가지 증거의 부족함에 대해 다음과 같이 지적한다.

> 유월절에 예수께서 예루살렘에 계시니 많은 사람이 그의 행하시는 표적을 보고 그의 이름을 믿었으나, 요2:24 예수는 그의 몸을 그들에게 의탁하지 아니하셨으니 이는 친히 모든 사람을 아심이요. 또 사람에 대하여 누구의 증언도 받으실 필요가 없었으니 이는 그가 친히 사람의 속에 있는 것을 아셨음이니라.

먼저는 인간에 의한 증거이다. 예수 그리스도께서는 인간의 자신에 대한 증거가 믿음직하지 못함을 말씀하셨다. 인간의 지혜나 말에 의해 하나님의 계심이 증거될 수 있겠으나, 예수께서는 그러한 증거에 의지하지 않으셨다. 두 번째로 위의 본문은 사람들이 표적(헬라어 쎄메이온)을 보고, 예수 그리스도를 믿기도 하였음을 언급한다. 그러나 예수께서는 그러한 이적을 보고 믿는 것의 한계를 지적하시면서, 보고 믿는 것보다 보지 않고 믿는 것이 더 복됨을 강조하셨다(요한 20:29).

이적(miracle)과 표적(sign)을 보고 하나님에 접근하는 것이 신앙의 초기에는 효과가 있으나, 그러한 이적에 근거한 신앙은 든든한 것이 되지 못한다. 오히려 참된 신앙은 하나님의 말씀이신 성경과 성령의 증거(witness)에 기반을 둔다. 예수 그리스도께서는 그 스스로 하나님과 구주가 되심을 증거하셨으며, 또한 하나님께서도 성령을 통하여 그 내용을 증거하시고 계심을 요한복음은 강조한다(요한 8:14-18). 이 본문은 두 가지의 증거에 대해 말한다. 예수 그리스도 자신이 성경을 통해 하시는 증거와 하나님의 성령을 통한 증거이다. 말씀이 육신이 되신 그리스도 곧 성경을 통한 하나님에 대한 증거와 성령의 깨닫게 하심에 의한 하나님에 대한 증거가 우리에게 가장 확실한 증거가 된다는 말씀이다(참조, 요 5:31-47).

5. 꽃으로 피어나기

그러면 왜 사람들이 예수 그리스도의 표적을 보고서서는 어느 정도 그를 믿었으나, 말씀을 들음을 통하여서는 그를 믿지 못하였을까? 그 문제를 요한복음은 다음과 같이 진단한다. 저희의 마음이 완고하여졌기 때문이다(요한 12:37-40).

> 이렇게 많은 표적을 저희 앞에서 행하셨으나 그를 믿지 아니하니, 이는 선지자 이사야의 말씀을 이루려 하심이라 이르되 주여 우리에게

서 들은 바를 누가 믿었으며 주의 팔이 누구에게 나타났나이까 하였더라. 그들이 능히 믿지 못한 것은 이 때문이니 곧 이사야가 다시 일렀으되, 그들의 눈을 멀게 하시고 그들의 마음을 완고하게 하셨으니 이는 그들로 하여금 눈으로 보고 마음으로 깨닫고 돌이켜 내게 고침을 받지 못하게 하려 함이라 하였음이더라.

마음의 깨달을 수 있는 능력, 곧 말씀을 받아들일 수 있는 능력이 상실되었기 때문에, 그 말씀을 받아들이지 못했다는 것이다(요 5:42). 이에 있어 그 마음을 변화시킬 수 있는 것은 무엇인가에 대해 요한은 이르길 그것은 성령이라고 한다(요한 3:5, 14:26, 16:4-7, 16:14). 성령을 통한 주관적인 마음의 변화가 일어나야, 객관적인 말씀을 듣고 깨달을 수 있는 능력을 얻게 된다. 우리가 하나님을 알기 위해서는 계시의 객관성으로서의 예수 그리스도의 말씀과 성령을 통한 계시의 주관성이 확보되어야 한다는 것이다. 신학자 바르트(Karl Barth)는 우리가 하나님을 알기 위해, 두 가지가 요청된다고 하였다. 먼저는 계시의 객관성으로서의 하나님의 말씀 곧 예수 그리스도요, 다음은 계시의 주관성으로서의 성령의 부으심이다.

이에 있어 저자와 저자가 쓴 책[성경]과 독자의 관계에 있어 중요한 것은, 책이 저자에게서 독립되어 객관성을 확보하는 것과, 그 책을 이해하기 위해 독자들이 저자의 저작 의도를 파악하는 것이다. 책이 저자로부터 독립된 객관성을 확보하기 위해, 그 책이 저자와 거리를 두는 것이 필요한바, 요한복음 6장 7절은 예수께서 세상을 떠나 하늘로 올라가는 것이 제자들에게 유익함을 말하고 있다. 저자가 일단 책을 쓰면, 그 책은 저자를 떠나 독립된 영역을 갖게 마련이다. 그러한 독립성이 확보되지 않은 경우 그 책의 객관성은 침해받게 된다.

> 그러하나 내가 너희에게 실상을 말하노니 내가 떠나가는 것이 너희에게 유익이라 내가 떠나가지 아니하면 보혜사(성령)가 너희에게로 오시지 아니할 것이요 가면 내가 그를 너희에게로 보내리니(요 6:7).

다음으로 책의 이해를 위해 독자들은 그 책을 쓴 저자의 정신을 주관적으로 파악할 필요가 있다. 책에 담아져 있는 문자적 이해만으로 그 책의 충분한 내용을 파악할 수 없다. 독자는 그 책을 쓴 저자의 심정과 영감을 통하여 그 글을 읽을 필요가 있다. 그러기 위해 독자들은 그 책으로부터 분리된 저자를 다시 책과 연관시켜 이해할 필요가 생기게 된다. 그런 의미에서 우리를 떠나 하늘로 가신 예수 그리스도는 성경에 쓰여진 말씀을 생각나게 하시고 일깨우게 하기 위하여 다시 그의 영(성령)을 제자들에게 보내신 것이다(요한 14:26, 16:13). 성령은 하나님께서 보내신 그리스도의 영인 것이다.

6. 열매 맺기

예수 그리스도께서 증거하신 말씀의 핵심은 다음과 같다. 요한일서 5장 5-11절은 다음과 같이 말한다. "또 증거는 이것이니 하나님이 우리에게 영생을 주신 것과 이 생명의 그의 아들 안에 있는 그것이니라"(11절). 그 말씀의 내용은 다시 요한복음 3장 16절에 요약되어 나타난다.

우리는 이러한 하나님의 증거를 어떻게 참으로 받아들일 수 있게 되는가? 하나님은 우리의 노력을 통해 알게 되는 것이 아니며, 예수 그리스도 안에서 하나님 스스로가 자신을 계시하시고, 성령을 통해 우리에게 알 수 있는 힘을 주심으로 우리는 하나님을 알게 됨을 요한복음은 증언한다. 예수 그리스도께서는 이러한 자신의 계시를 나타내시는 데에 있어, 인간적인 증거나 입증이 전혀 필요치 않으심을 제자들에게 언급하셨다(요 2:23-25). 하나님의 은총과 성령의 능력으로 말씀에 대한 믿음을 갖게 되는 것이 중요함을 요한복음은 강조한 것이다.

요한복음은 하나님에게 이르는 길로서의 믿음을 강조하는 책이다. 그 믿음이란 증거에 대한 믿음이다. 그것은 법정에서 한 증거가 참된 증거로 채택되는 과정과 비슷하다. 한 명의 증거로는 충분하지 않다. 동일한 증거를 말하는 두세 증인이 있어야 그 증거가 합당한 증거로 받아들여지는 것과 같이, 예수 그리스도가 구주라는 증거는 예수 그리스도 자신뿐 아니라 성령과 교회의 경험이 증거하고 있는 것이다. 성령은 지금도 우리에게 증거하고 드러내신다. 그리고 그 증거를 참된 증거로서 다시 증거한 허다한 증인들이 우리 옆에 둘러서 있다(히 12:1). 한두 명의 증거는 무시될 수도 있다. 그러나 그렇게 많은 증거를 무시하는 것은, 이성적으로 볼 때 결코 합당한 처사라 볼 수 없다. 요한복음의 마지막은 다음과 같은 결론으로 끝난다. 이 본문은 증언함(bearing witness)의 중요성을 언급하는 것으로, 성경 말씀의 증언을 통해 우리가 예수를 그리스도로 믿어 구원받게 됨을 강조하는 것이다(요 3:16).

> 이 일을 증언하고 이 일을 기록한 제자가 이 사람이라 우리는 그의 증언이 참된 줄 아노라. 예수께서 행하신 일이 이외에도 많으니 만일 낱낱이 기록된다면 이 세상이라도 이 기록된 책을 두기에 부족할 줄 아노라(요 21:24-25).

우리가 예수 그리스도를 바로 믿기 위해서는 말씀과 성령이라는 증거를 확실히 붙들어야 한다. 주님의 말씀을 사모하여 항상 묵상하고, 성경을 읽으면서 주님의 성령이 역사하길 항상 기도하는 성도들이 되어야겠다. 우리가 성령을 통해 말씀을 대하게 될 때, 우리의 영의 눈이 열려 주님을 만나게 될 것임이 분명하다. 기독교의 신앙은 막연한 것이 아니다. 주님은 우리에게 믿음을 위한 확실한 증거들을 제시하신 것으로 우리는 이 둘을

붙들고 반석 같은 믿음 위에 확고히 서야 할 것이다.

7. 열매 나누기

1) 요 21:24엔 예수 그리스도의 증거가 참임을 결론적으로 말한다. 우리는 예수 그리스도의 말씀이 참인 줄 어떻게 알게 되는가?

2) 계시로서의 성경과 성령의 상호연관성에 대해 말하시오.

3) 표적이나 기적적인 사건을 통해 하나님을 믿게 되는 것의 부족한 점에 대해 말해보자.

4) 성령과 예수 그리스도와의 관계성에 대해 논의하자.

5) 현대 해석학(hermeneutics)의 논점들과 요한복음의 내용들을 검토하여보자.

8. 참고문헌

1) 금호영. 『요한복음에 나타난 계시와 믿음의 관계성이해』(미간행석사학위논문). 서울: 장로회신학대학 신학대학원, 1983.
2) 박재우. 『요한복음에 나타난 예수의 자기계시 주석적 고찰』(미간행석사학위논문). 서울: 장로회신학대학교 신학대학원, 1998.
3) 최형락. 『요한복음서의 표적』(미간행석사학위논문). 서울: 연세대학교 연합신학대학원, 1992.
4) 나채운. "요한복음의 구조에 대한 연구," 『교회와 신학』, 제21집 (1989), 36-68.
5) 성종현. "요한복음서의 주요신학 사상," 『교회와 신학』, 제23집 (1991), 113 이하.
6) Brown, Raymond. 『앵커바이블 요한복음』. 1-2권. 서울: CLC, 2016
7) Barrett, C K. *The Gospel According to St. John: An Introduction with Commentary and Notes on the Greek Text.* London: SPCK, 1978.
8) Carson, D. A.The *Gospel according to John.* PNTC. Grand Rapids: Eerdmans, 1990.
9) Smith, D. Moody. *The Theology of the Gospel of John.* Cambridge: New York: Cambridge University Press, 1995.

사도행전

창조적 소수의 중요성

사도행전: 창조적 소수의 중요성

인류 역사상 사도 바울과 같은 영향력을 가졌던 사람은 거의 없을 것이다. 그는 신약 성경의 반을 저술한 자로, 그의 서신을 연구하여 박사학위를 받은 사람의 수는 헤아릴 수 없을 정도다. 바울의 특별한 공적이 있다. 그것은 그가 기독교를 세계화한 것인데, 그의 이런 창조적 생각 앞에는 많은 난관이 있었다. 당시 유대 기독교인들을 기독교를 민족적 종교로 생각하며 유대특수주의의 입장을 고수하였으나, 바울은 기독교의 복음이 전 인류를 위한 것이라는 세계보편주의적 생각을 가졌었다. 이러한 그의 새로운 생각으로 인해 그는 많은 박해를 겪게 된다. 심지어 그를 죽이기 전에는 먹지도 마시지도 않겠다는 40명의 결사대가 있었다고 성경은 전한다. 그럼에도 그는 기독교의 세계화 전략을 실천하였던 분으로, 유대를 비롯해 사마리아, 소아시아, 그리스, 로마를 순차적으로 선교하였던 것이다. 그는 특히 각 지역의 대도시들을 선교적 거점으로 삼아 복음을 확장해 나갔으며, 여러 동역자들과 제자들을 양육하여 선교를 위한 팀 사역을 하였다. 그는 어찌 보면 작은 예수로서의 삶을 살아낸 분으로서 자기에게 주어진 작은 십자가를 지고 예수를 따랐던 자였다. 인간의 역사는 다수에 의해 결정되는 것이 아니다. 각성한 창조적 소수에 의해 인간 역사는 진전하는 것으로, 우리는 이러한 바울의 용기와 인내심에 대해 배워야 한다. 사도 바울은 성령의 역사하심과 복음에 대한 비전 가운데에서 그의 선교 과업을 완수한 주님의 참된 종이었던 것이다.

1. 씨알 고르기

1) 요절 사도행전 1장 8절

"오직 성령이 너희에게 임하시면 너희가 권능을 받고 예루살렘과 온 유대와 사마리아와 땅 끝까지 이르러 내 증인이 되리라 하시니라."

2) 주제: 창조적 소수의 중요성

당시 유대인들은 기독교의 귀중한 복음이 유대인만을 위한 것이라고 생각하였다. 그러나 바울은 당시의 대중들과는 다른 생각을 가진 자로서, 복음은 유대인뿐만 아니라 온 인류를 위한 것이며 자신은 이방인의 사도로서 부름을 받았음을 강조했다(22;21). 선교 초기 바울과 같은 생각을 가진 사람들은 극소수였다.

2. 뿌리내리기

당시의 대다수의 예수 그리스도의 추종자들은 기독교가 유대교 내의 종교로 남아 있기를 바랐던 것 같다(11:1-3). 사도행전 15장 1-2절의 말씀은 예루살렘 중심의 유대파(히브리파) 기독교공동체와 디아스포라 유대인이 중심이었던 헬라파 기독교공동체가 갈등하였음을 말한다. 그것은 유대특수주의와 세계보편주의 사이의 갈등이었다. 유대특수주의의 입장에 서있던 기독교인들은 기독교의 복음이 유대인만을 위한 것으로 생각하였던 반면, 바울을 위시한 세계보편주의의 입장에 있던 헬라파 기독교인들은 주님의 복음이 온 인류를 위한 것이라고 생각하며 세계선교에 박차를 가했던 것이다. 유대 기독교인들은 율법이 명하는 바와 같이 구원을 위해 필히 할례를 받아야 한다고 말하는 할례파였던 반면, 이방인들은 할례 없이 구원이 가능하다는 비할례파였다(15:19-20).

이에 있어 야고보는 유대파 기독교공동체의 수장이었으며, 바울은 헬라파 기독교공동체의 수장이었다. 베드로는 중간적 입장에 서있었던 것 같다. 일곱 집사들은 주로 헬라파 지도자들로서, 그것은 사도들의 지도력이 어느 정도 약화되었음을 의미하기도 했다(행 6:1). 스데반 등의 헬라파 기독교인들은 박해 시 소아시아 지역으로 흩어진 반면, 히브리파 기독교인들은 박해 후에도 예루살렘에 머물렀었다.

사도행전은 기독교의 복음이 세계에 퍼지게 되는 과정에 대해 설명한다. 1-12장까지는 예수님의 동생 야고보와 베드로라는 인물이 중심이 되며, 13-28장에서는 사도 바울이 중심인물로 나타나고 있다. 사도행전은 기독교의 복음이 세계에 전파된 이유가 전적으로 바울의 노력에 힘입은 바 되었음을 강조한다(롬 3:29, 엡 2:12-20).

3. 줄기 세우기

장절	대구분	장절	소구분
1:1-8:4	예루살렘에서의 증거	1:1-2:47	교회의 세워짐
		3:1-8:4	교회의 성장
8:5-12:25	유대와 사마리아에서의 증거	8:5-40	빌립의 증거
		9:1-31	사울의 바울로의 개종
		9:32-11:18	베드로의 증거
		11:19-12:25	초대교회의 증거
13:1-28:31	땅끝(로마)까지의 증거	13:1-14:28 수리아 안디옥이 선교의 전초기지였음	바울의 1차 전도여행(수리아 안디옥, 구브로, 비시디아 안디옥, 이고니온, 더베, 루스드라, 수리아 안디옥), 소아시아 지역에서의 선교
		15:1-35	예루살렘 공의회
		15:36-18:22 고린도에서 1년 반 동안 유함	바울의 2차 전도여행(수리아 안디옥, 더베와 루스드라, 드로아, 빌립보, 데살로니가, 베뢰아, 아덴, 고린도, 에베소, 수리아 안디옥), 바울이 유럽 지역으로 처음 들어가 선교함
		18:23-21:16 에베소에서 3년간 사역함	바울의 3차 전도여행(수리아 안디옥, 갈라디아와 브루기아, 에베소, 빌립보, 데살로니가, 고린도, 드로아, 밀레도, 두로, 가이사랴),
		21;17-28:3 예루살렘과 로마가 중심	바울의 예루살렘에서 체포된 후 로마까지 이송되어 그곳에서도 선교를 함(예루살렘, 가이사랴, 멜리데, 로마)

4. 가지 뻗기

유대기독교를 세계화하는 데 있어서 바울 앞에는 큰 난관이 놓여 있었었다.

1) 먼저 사도 바울은 커다란 내적 갈등을 가졌었다: 사도 바울은 기독교를 받아들이는 데에 있어 상당한 내적 갈등을 경험하였던 자였다. 그는 예수를 증거하는 스데반을 죽이는 일에 앞장섰던 사람이다. 그는 예수 믿는 사람들을 박해하러 다메섹으로 올라가는 중 부활한 그리스도를 만나게 된다. 기독교를 별생각 없이 믿는 사람들도 있다. 그러나 기독교를 믿는 것이 과연 무엇인가를 곰곰이 생각하며 고민하고 믿는 사람들도 있다. 창조적 생각은 고뇌와 갈등에서 주어지는 것이지 편한 상태에서 오지 않는다. 아브라함은 하나님의 구원을 받아들이기 위해 갈대아 우리를 떠나야만 했다. 그러한 경험은 바울에게 있어서도 마찬가지다. 바울에게 있어서는 구약과 신약, 율법과 복음, 하나님과 예수 그리스도, 유대인과 이방인 사이의 갈등 해소가 큰 고민거리였었다(참조, 로마서 9장).

2) 바울에게는 또한 외적 갈등도 있었다: 바울은 기독교가 유대인만의 종교가 아님을 깨달았으나, 당시 대중들의 생각은 그와 같지 않았다. 특히 유대인들 중의 어떤 이들을 바울을 심

히 미워하여 그를 죽이려고까지 했던 것이다(참조, 행 13:50-52).

사도행전 23장 12절은 40여 명이 당을 지어 바울을 죽이려는 결사대를 만들었음을 보고한다. 또한 사도행전 13장 50절은 이르길, 유대파 기독교인들은 이방인들에게 복음을 전하는 바울과 바나바를 심히 핍박하였다고 한다.

사도행전 24장 5-6절 "우리가 보니 이 사람은 전염병과 같은 자라 천하에 흩어진 유대인을 다 소요하게 하는 자요 나사렛 이단의 우두머리라, 저가 또 성전을 더럽게 하려 하므로 우리가 잡았사오니."

사도행전 26장 24절 ".... 바울아 네가 미쳤도다. 네 학문이 너를 미치게 하였도다." (참조, 고후 5:13 미쳤어도 하나님을 위한 것이요)

이러한 바울의 선교 여정 앞에 놓인 난관들에 대해 좀 더 서술해보면 다음과 같다.

1) 행 15:2의 말씀은 헬라파 기독교인인 바울과 바나바와 유대파 기독교인들 사이에 변론이 일었다고 증언한다. 한편의 모세의 율법대로 살아야 한다는 주장에 바울은 '아니다'라고 말했다. 그들은 율법준수의 문제에 대해서 의견을 서로 달리 하였던 것이다(행 15:19-20).

2) 바울 시대의 대다수의 예수 그리스도의 추종자들은 기독교가 유대교 내의 종교로 남아 있기를 바랬었던 것 같다. 사도행전 11장 1-3절에선 베드로가 고넬뇨에게 복음을 전한 후 그가 예루살렘에 올라갔을 때, 할례파들이 베드로를 힐난하는 것을 보게 된다.

3) 이 같은 서로 간의 의견이 걸려 중재할 필요성이 있어 양파가 예루살렘에서 일종의 총회로 모이에 되었는데, 모임의 결과 사도행전 15장에서 베드로의 잠정적 타협안이 채택되었음을 사도행전 15장은 전하고 있다. 또한 사도행전 15장엔 이방인의 개종에 대한 문제를 의논하였던 예루살렘 공의회의 모습이 나타나는바, 그 회의에서 바울은 여타의 제자들과 상당한 갈등에 부딪히게 되는 것을 보게 된다. 아무튼 이 회의에서 중재안이 나오게 되는데 그 내용을 아래와 같다. 하지만 이 같은 타협안은 바울에게 있어 만족스러운 것은 아니었을 것이다.

> 그러므로 내 의견에는 이방인 중에서 하나님께로 돌아오는 자들을 괴롭게 하지 말고, 다만 우상의 더러운 것과 음행과 목매어 죽인 것과 피를 멀리하라고 편지하는 것이 옳으니, 이는 예로부터 각 성에서 모세를 전하는 자가 있어 안식일마다 회당에서 그 글을 읽음이라 하더라. 이에 사도와 장로와 온 교회가 그중에서 사람들을 택하여 바울과 바나바와 함께 안디옥으로 보내기를 결정하니 곧 형제 중에 인도

자인 바사바라 하는 유다와 실라더라(행 15:19-22).

4) 어느 정도 갈등이 가라앉은 것 같았으나, 그러한 갈등은 안디옥 사건을 통해 다시 불거지고 있다. 갈라디아서 2장 11-14절에서 보면, 안디옥에서 바울은 이방인의 문제를 놓고 베드로와 심각한 갈등 관계에 있었음을 알 수 있다. 베드로는 이방인과 식사하다 유대파 기독교인 들어오니, 베드로는 바나바와 같이 자리를 떴는데 이 같은 물러남에 대해 바울이 면박하였다고 기술되어 있는바, 양자 사이의 갈등의 골이 깊었던 것으로 사료된다.

5) 이 같은 바울의 새로운 생각들이 바울서신 중에서 여러 번 나타나는데, 그중 백미는 아래의 말씀일 것 같다.

로마서 3장 29절 "하나님은 홀로 유대인의 하나님뿐이시뇨, 진실로 이방인의 하나님도 되시느니라."

5. 꽃으로 피어나기

바울은 당시 기독교 공동체 내에서 충분한 대접을 받지 못했다. 고린도후서에 보면 그가 진정한 사도인지에 대해 의심을 품은 사람이 많았었다(고후 3:1). 당시 유대인들은 하나님의 선교를 향해 떠나는 바울을 포박한 채 죄인으로 파송하였다(행 26:29). 창조적 소수는 그 당시의 사람들에 의해서 인정받지 못할 때가 많다. 새로운 생각과 기술은 대중이 받아들이기가 쉽지 않은 것이다.

2장에 나타나는 베드로의 설교와 17장에 나타나는 바울의 설교를 비교하면 서로 차원이 다른 것을 알 수 있다. 베드로는 이스라엘 민족과만 관련하여 예수 그리스도의 사건을 해석하였던 반면, 바울은 그리스도가 세계 및 우주의 구원과 연관되는 분으로 강조하였다. 무엇이 그로 하여금 기독교의 세계화를 생각하게 하였을지 생각해 본다. 우리는 그가 로마 시민권을 가지고 있었음에 유의해야 한다. 그러나 그보다도 더 중요한 이유를 사도행전은 말한다. 곧 그 속에 있는 성령께서 그로 하여금 이 모든 일을 행하게 만들었다는 것이다(행 13:4, 16:6, 1:8).

28장엔 오늘날의 몰타섬으로 추정되는 멜리데섬에서의 사건이 기록되어 있다. 이 섬에서 바울은 작은 부활절을 경험한다. 독사에 물렸으나 바울은 죽지 않는다. 당시의 사람들은 대부분 바울을 이해하지 못하였지만, 멜리데섬의 토인들은 예수 그리스도의 길을 따라간 작은 예수 바울의 존재를 눈치챘던 것이다. 멜리데섬은 바울에게 안식처와 같은 곳이 되었는데, 그들은 많은 선교 비용을 바울에게 주며 그를 따뜻하게 전송하였다고 성경은 전한다.

6. 열매 맺기

사도행전의 주인공은 바울로서 바울행전이라고 불러도 과언이 아닐 것 같다. 그는 신약성경의 거의 반을 저술한 분으로, 그의 서신들을 연구하여 박사학위를 받은 학자가 수만 명에 이를 것이라 생각된다. 그는 예수 그리스도의 가르침을 극명하게 정리하였을 뿐 아니라, 그 내용을 가장 효율적인 방법으로 세상에 전한 자이기도 하다. 그는 실천하는 신앙인이었던 것이다. 구약의 이사야가 유대교를 세계화하였다면, 신약에서 기독교를 세계화한 사도는 바울이라 할 수 있다. 당시의 유대 기독교인들은 기독교를 민족적 종교로 생각하였으나, 바울은 그리스도의 복음이 온 인류를 위한 것임을 선포하였다. 그 당시 로마는 황제 숭배를 하여 정치권력을 집중하였는데, 사도 바울은 오직 그리스도만이 우리의 참된 왕으로서 그러한 복음의 내용이 이 세상을 변혁할 것이라 생각하였던 것이다.

성경을 주님의 일을 이루는 데에 있어 많은 사람보다 헌신된 소수가 중요함을 언급한다. 그들의 창조적 행동을 통해 하나님의 계시의 폭은 커지게 된다. 이스라엘이 애굽에서 노예 상태에 있을 때 그들을 해방시키신 하나님의 행동에 응답한 것은 대중이 아니었다. 당시 호렙산에서 하나님을 만난 모세에 의해 이스라엘의 역사는 새로운 전기를 맞게 된다. 중요한 것은 다수가 아니며 하나님의 성령에 의해 감동된 창조적 소수다.

누가 뭐라든지 간에 자신의 결단대로 나가는 자에 의해서 역사는 바뀌는 것이다. 남의 말과 평가에 귀 기울이면 실망하기 쉽다. 바울은 자기에게 지워진 십자가를 사양하지 않고 묵묵히 지고 나갔다. 그의 이러한 고난으로 인해 이방인을 향한 구원의 문이 열리게 되었으며, 온 인류는 하나님의 구원의 소식을 접할 수 있었던 것이다. 그는 작은 예수로서의 삶을 산 진정한 예수의 제자였다.

무엇보다 사도 바울은 종말신앙의 소유자였다. 바울은 디모데후서 4장 8절에서 다음과 같이 이르고 있다. "이제 후로는 나를 위하여 의의 면류관이 예비되었으므로 주 곧 의로우신 재판장이 그날에 내게 주실 것이며 내게만 아니라 주의 나타나심을 사모하는 모든 자에게도니라." 영광의 면류관이 예비되어 있다는 것이다. 당장의 명예만을 위해서 일을 해선 안 된다. 먼 미래를 바라보고 주님의 보상을 바라면서 진심으로 민족과 인류를 위해 일할 때, 하나님께서는 우리의 여정을 축복하시리라 믿는다. 사도 바울은 성령의 비전 가운데에서 그의 과업을 완수한 주님의 참된 종이었던 것이다.

7. 열매 나누기

1) 바울과 이사야가 한 일을 비교해보자(사 49:6).

2) 사도행전 15장엔 최초의 공의회(council)의 모습이 나타난다. 이 회의에서 결정된 사항과 그에 대한 바울의 견해를 검토하여보자.

3) 당시 유대인들이 바울을 죽이려고 했던 이유는 정확히 무엇 때문이었는가?

4) 사도 바울은 당시 기독교를 세계화하는 데에 앞장섰던 사람이다. 바울이 이와 같은 일을 하게 된 배경에 대해 논의하여 보자.

5) 한국교회 역사에서 창조적 소수의 중요성이 드러난 예를 들어보자.

8. 참고문헌

1) 김종익. 『바울의 소명과 회심에 대한 성서적 고찰: 사도행전을 중심으로』. 서울: 장로회신학대학 신학대학원, 1988.

2) 박동현. 『사도행전 2장에 나타난 원시 교회』 (미간행석사학위논문). 서울: 장로회신학대학, 1978.

3) 김득중. "사도행전에 나타난 누가의 신학," 『기독교사상』. 제171호 (1972. 8.).

4) 김용옥. "사도행전에 나타난 바울의 신학," 『신학과 세계』, 제5호 (1979), 157-176.

5) Bock, Darrell L. Acts. BECNT. Grand Rapids: Baker Academic, 2007.

6) Haenchen, E. 『국제성서주석 33: 사도행전(1), (2)』. 서울: 한국신학연구소, 1987.

7) Dibelius, Martin. *Studies in the Acts of the Apostles*. Scribner's, 1956.

8) Jervell, Jacob. *The Theology of the Acts of the Apostles.* New York: Cambridge University Press, 1996.

9) Munck, Johannes. *The Anchor Bible 31: Acts of the Apostles.* New York: Doubleday, 1965.

10) Gager, John G. "Jew, Gentiles, and Synagogues in the Book of Acts," *Harvard Theological Review,* vol. 79 no. 1-3 (1986. 1. 4. 7.).